财务轻松学系列

资金预算轻松学

周龙腾◎编著

中国宇航出版社
·北京·

图书在版编目（CIP）数据

资金预算轻松学 / 周龙腾编著．--北京：中国宇航出版社，2013.3

（财务轻松学系列）

ISBN 978-7-5159-0386-6

Ⅰ.①资… Ⅱ.①周… Ⅲ.①预算会计-基本知识 Ⅳ.①F810.6

中国版本图书馆 CIP 数据核字（2013）第 024188 号

策划编辑　董　琳　　封面设计　文道思
责任编辑　董　琳　许　磊　　责任校对　李书梅

出版发行　中国宇航出版社
社　址　北京市阜成路 8 号　　邮　编　100830
(010)68768548
网　址　www.caphbook.com
经　销　新华书店
发行部　(010)68371900　　(010)88530478(传真)
(010)68768541　　(010)68767294(传真)
零售店　读者服务部　　北京宇航文苑
(010)68371105　　(010)62529336
承　印　北京嘉恒彩色印刷有限公司
版　次　2013 年 3 月第 1 版　　2013 年 3 月第 1 次印刷
规　格　880×1230　　开　本　1/32
印　张　4.5　　字　数　121 千字
书　号　ISBN 978-7-5159-0386-6
定　价　28.00 元

前言

还在为不知资金预算为何物而疑惑吗?

还在为不知如何编制资金预算而苦恼吗?

还在为不知怎样进行预算的考核而发愁吗?

读完本书,上述问题将迎刃而解,你会发现,原来资金预算也可以如此简单。

“凡事预则立,不预则废”。在当今社会,任何经济行为都离不开资金运转,政府需要编制预算反映财政收支计划,管理人员需要编制预算做好资金周转工作,个人也可以编制预算使家庭收支平衡。资金预算如此重要,但如何编制好资金预算却让许多人犯了难。如果编制的资金预算不合理、不科学,那么它就不能满足经济管理活动的需要,也就失去了存在的意义。

为了能使更多的人掌握资金预算的编制方法,笔者结合自己多年工作学习的经验,用简洁易懂的语言编写本书。本书共分为六章,这六章内容循序渐进,首先介绍资金预算的基础知识,然后讲解如何快速掌握现金流量表、最佳现金持有量等内容,最后说明如何编制资金预算以及预算的执行与考核。

另外,本书在语言上力求简洁明了,没有大量晦涩的专业术语,使读者一看就懂,在阅读的过程中感到轻松愉悦。通过对本书的学习，读者能够系统地掌握资金预算知识，并在实践中提升编制资金预算的能力，为自己的工作和生活带来益处。

最后，对于本书中的不妥之处，恳请广大读者指正。

作　者

2013 年 3 月 1 日

目录

第一章 为什么要懂资金预算

第二章 快速掌握现金流量表

第三章 快速掌握最佳现金持有量

为什么要懂资金预算

“凡事预则立，不预则废”。预算是企业在预测、决策的基础上，以数量和金额的形式反映企业未来一定时期内经营、投资、财务等活动的具体计划，是为实现企业目标而对各种资源和企业活动的详细安排。合理的资金预算可以为企业的日常行为提供依据，增强企业的内部控制，有利于业绩考核和激励机制的实施，为企业未来的资金筹集及运用做好规划，使企业的运行更加有条不紊。因此，做好企业的资金预算对保证企业顺利运行，保证投资活动的收益起着十分重要的作用。

在这一章，你将会知道

◇ 哪些人需要懂资金预算。

◇ 为什么要了解资金预算。

◇ 资金预算有哪些重要内容。

◇ 如何轻松做好资金预算。

哪些人需要懂资金预算

在商业社会中，经济与每个人都密不可分。资金是经济活动的血液，任何人的经济行为都离不开资金的运转，小到每个人日常的理财、购物，大到公司的经营运转、国家的财政收支，都面临着资金预算这一问题。做好资金预算可以使生活有条理，公司运行井然有序，国家有效发挥其职能。

需要懂资金预算的人有政府、老板、企业主管、一般员工以及一家之主，如表 1－1 所示。

表 1－1　需要懂资金预算的人

需要懂资金预算的人	原因
政府 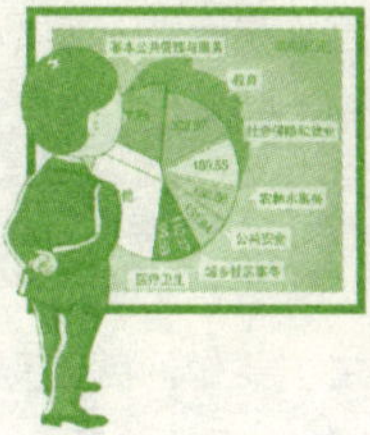	财政预算是政府活动计划的一个反映，它体现了政府及其财政活动的范围、政府在特定时期所要实现的政策目标和政策手段。预算是对未来一定时期内收支安排的预测、计划。它作为一种管理工具，在日常生活乃至国家行政管理中被广泛采用。就财政而言，财政预算就是由政府编制、经立法机关审批、反映政府一个财政年度内的收支状况的计划
老板 	资金预算是根据企业以往的经营情况，结合即将面临的新的经济活动并结合预计的经济形势对企业资金做出的整体安排。作为公司的老板，应该了解资金对企业的重要性，通过资金预算管理，把握好资金的收支及运营状况，这样就可以采取措施预防资金周转方面的问题

（续表）

需要懂资金预算的人	原因
企业主管 	资金预算的编制，是企业各职能部门围绕着业务量、营业收入、成本与耗费、经营成果等应该达到的水平分别确定目标。所以，企业主管通过资金预算的编制，可以使各部门的计划得到最好的协调，使企业整个计划体系相互衔接、完整而贴合实际
一般员工 	资金预算的最终执行者是企业的员工，预算合理与否影响着企业员工的行为。资金预算过多容易造成浪费的行为，资金预算不足就限制了经济活动的正常开展，为了完成任务、完成绩效考核可能造成偷工减料的现象，为企业留下后患。因此，作为企业的一般员工，在企业进行资金预算时要正确地反映企业日常活动的资金收支状况，为合理的预算提供依据
一家之主 	想做好家里的“财政大臣”，一家之主要做的就是保持家庭收支平衡，这时就要先做好家里的收支预算，比如家里的预计工资收入、家庭理财计划，教育、生活开支及预留的应急资金等。只有合理的计划收支，才能让家庭在满足日常生活的情况下，又有能力应对突然事件的发生

资金预算的作用

资金预算是对与企业存续相关的投资活动、经营活动和财务活动的未来情况进行预期并控制的管理行为及控制安排，具有全面的控制力和约束力，它不仅是一种管理制度和控制方略，更是一种管理理念。资金预算是企业管理的核心内容之一，它是企业协调的工具、控制的标准、考核的依据，是推行企业内部管理规范化和科学化的基础，也是促进企业各级经营管理人员自我约束、自我发展的有效途径。

一、有利于企业奋斗目标的具体化

资金预算的编制，是企业各职能部门围绕着业务量、营业收入、成本与耗费、经营成果等应该达到的水平分别确定目标，并将制定目标所依据的主要设想和意图、达到目标所应采取的方法与措施、应付外部环境变化的对策均详细地列出来。同时，通过反复的预算平衡，制定出完整的预算书面方案。实施预算可以使企业的总体目标得以分解、落实，使其可以按照各自承担的预算任务、现金流量指标，合理安排部门的业务工作。经批准的预算方案，使企业各职能部门和下属单位都明确了自己应该达到的水平，并据此安排自己所负责范围的经济业务活动，从各方面确保完成企业总的战略目标，从而减少经营风险与财务风险。

二、有利于各部门的沟通与协调

由于资金预算以利润最大化为目标来谋求市场营销计划、生产计划、物料供应计划、资金计划和人员组合等诸多计划的最佳结合，所以，企业通过资金预算的编制，可以使各部门的计划得到最好的协调，使企业整个计划体系相互衔接、完整而切合实际。

三、有利于日常经济活动的控制

在预算执行中，各级单位和各职能部门都必须通过计量、计算、对比和分析，寻找预算与实际执行中发生的差异，分析原因，并采取必要的措施纠正差异，使日常的经济活动有效地控制在预算范围之内。执行预算可对实际与预算的差异进行分析纠正，保证预定目标的顺利实现。有了预算作依据，支出审批时就能区分正常支出和例外支出，高层管理人员就能从大量日常审批事务中解脱出来，重点处理例外事项，正常支出由财务部门监督，从而简化审批程序，缩短审批周期，以适应复杂多变的经营环境。

四、有利于业绩考核和激励机制的实施

资金预算是对企业计划的数量化和货币化的表现，资金预算有利于控制各经营环节现金流量，编制预算使现金流量控制有客观可循的依据，为业绩评价提供了标准，便于对各部门实施量化的业绩考核和奖惩制度，也便于对员工的激励与控制。

提 示

长期资金预算的编制，既是企业进行投资项目经济效益决策的依据，也是企业合理安排资金筹措，使资金在时间上和数量上满足投资的需要，保证项目顺利完成，尽早产生投资效益的依据。

资金预算有哪些重要内容

资金预算是有关资金的各种预算的汇总，资金预算的主要内容可以归结为四个大的方面，即：资金收入、资金支出、资金多余或不足、资金的筹集和运用。任何资金预算都会涉及这些方面的内容。

一、资金收入

“资金收入”反映一个经济体在一定期间内的资金流入量。对于一般企业而言，资金收入的主要来源是销货收入，对于资金收入的预算主要体现在对未来产品销售状况及收款状况的预测。

二、资金支出

“资金支出”反映一个经济体在一定期间内的资金流出量。资金支出包括直接人工、制造费用、销售与管理费用，还包括所得税、购置设备、股利分配等支出。资金支出的预算主要根据以往的经验将各部分的支出预算汇总而得出。

三、资金的多余和不足

通过合理的资金收支预算，可以基本上了解经济体未来的资金状况。如果资金收入额大于支出额，就会产生多余的资金，在这种情况下，为了使资金发挥的经济体可以将多余的资金投资于理财产品或者进行项目投资等；如果资金收入小于资金支出，企业应该根据差额提早设定筹资计划。

四、资金的筹集和运用

资金的筹集和运用是对资金不足或多余的应对方法。资金的筹集方式有吸收权益资金、发行债券、发行股票、借款。当资金多余时，家庭或个人可以适当购买理财产品，企业可以进行固定资产或无形资产的直接投资或者购买股票债券等间接投资。

提 示

企业要在当今激烈竞争的环境中求得生存和发展，必须依赖于有效的经营管理。财务管理在企业经营管理中处于核心地位，而现金预算则是财务管理的重中之重。资金预算表明可用的超额现金量，并能为制定投资计划、优化配置组织的现金资源提供帮助。

政府的财政预算

国家像一个大家庭，财政预算是政府活动计划的一个反映，它体现了政府及其财政活动的范围、政府在特定时期所要实现的政策目标和政策手段。预算是对未来一定时期内收支安排的预测、计划。它作为一种管理工具，在日常生活乃至国家行政管理中被广泛采用。

一、财政收入预算

财政收入主要来源于税务机关、财政机关、海关等。收入征收的过程中，征收机关必须依据国家相关法律法规及时、足额地完成财政收入计划，不得随意增收或减收；征收的收入要直接上缴国库，不得截留、挪用；国库部门对组织的财政收入要及时收纳、划分和报解，按规定办理收入退库；征收机关、国库和预算管理机关之间要实时传递会计信息。政府的财政收入预算内容如表 1－2 所示。

表 1－2　2010 年中央财政收入预算表

单位：亿元

项目	2009 年执行数	2010 年预算数	预算数为上年执行数的%
一、税收收入	33 359.48	35 983.00	107.9
国内增值税	13 915.99	15 350.00	110.3
国内消费税	4 759.12	5 241.00	110.1
进口货物增值税、消费税	7 729.15	8 070.00	104.4
出口货物退增值税、消费税	－6 486.56	－7 070.00	109.0

（续表）

项目	2009 年执行数	2010 年预算数	预算数为上年执行数的%
营业税	167.11	190.00	113.7
企业所得税	7 618.82	8 061.00	105.8
个人所得税	2 366.72	2 542.00	107.4
城市维护建设税	123.52	140.00	113.3
印花税	495.04	516.00	104.2
其中：证券交易印花税	495.04	516.00	104.2
船舶吨税	23.79	25.00	105.1
车辆购置税	1 163.17	1 338.00	115.0
关税	1 483.57	1 580.00	106.5
其他税收收入	0.04		
二、非税收入	2 536.66	2 077.00	81.9
专项收入	215.44	216.00	100.3
行政事业性收费收入	354.84	410.00	115.5
罚没收入	35.01	36.00	102.8
其他收入	1 931.37	1 415.00	73.3
中央财政收入	35 896.14	38 060.00	106.0
调入中央预算稳定调节基金	505.00	100.00	19.8
支出大于收入的差额	7 500.00	8 500.00	113.3

二、财政支出预算

预算支出的执行是支出目标的实现过程。预算管理部门和政府所属的相关公共部门是支出执行的主体。财政部门要按预算计划、规定用途、工作进度和交易合同发出支付命令，国库要根据财政部门的支付命令及时、足额拨款，以保证政府部门履行其职能。政府的财政支出预算如表1-3所示。

表1-3 2010年中央财政支出预算表

单位：亿元

项目	2009年执行数	2010年预算数	预算数为上年执行数的%
一、一般公共服务	1 082.25	1 014.95	93.8
中央本级支出	924.18	857.20	92.8
对地方转移支付	158.07	157.75	99.8
二、外交	249.76	281.39	112.7
中央本级支出	249.75	281.39	112.7
对地方转移支付	0.01		
三、国防	4 829.85	5 190.82	107.5
中央本级支出	4 825.01	5 185.77	107.5
对地方转移支付	4.84	5.05	104.3
四、公共安全	1 287.45	1 390.69	108.0
中央本级支出	845.79	816.74	96.6
对地方转移支付	441.66	573.95	130.0
五、教育	1 981.39	2 159.90	109.0
中央本级支出	567.62	610.35	107.5
对地方转移支付	1 413.77	1 549.55	109.6
六、科学技术	1 512.02	1 632.85	108.0
中央本级支出	1 433.85	1 597.19	111.4
对地方转移支付	78.17	35.66	45.6
七、文化体育与传媒	320.73	314.49	98.1

（续表）

项目	2009 年执行数	2010 年预算数	预算数为上年执行数的%
中央本级支出	154.75	157.96	102.1
对地方转移支付	165.98	156.53	94.3
八、社会保障和就业	3 296.66	3 582.25	108.7
中央本级支出	454.36	307.97	67.8
对地方转移支付	2 842.30	3 274.28	115.2
九、医疗卫生	1 277.14	1 389.18	108.8
中央本级支出	63.50	43.31	68.2
对地方转移支付	1 213.64	1 345.87	110.9
十、环境保护	1 151.80	1 412.88	122.7
中央本级支出	37.90	55.26	145.8
对地方转移支付	1 113.90	1 357.62	121.9
十一、城乡社区事务	95.64	227.58	238.0
中央本级支出	3.92	1.98	50.5
对地方转移支付	91.72	225.60	246.0
十二、农林水事务	3 511.24	3 778.94	107.6
中央本级支出	318.69	321.95	101.0
对地方转移支付	3 192.55	3 456.99	108.3
十三、交通运输	2 178.71	2 119.19	97.3
中央本级支出	1 069.18	1 288.74	120.5
对地方转移支付	1 109.53	830.45	74.8
十四、资源勘探电力信息等事务	851.27	696.12	81.8
中央本级支出	508.23	432.44	85.1

（续表）

项目	2009 年执行数	2010 年预算数	预算数为上年执行数的%
对地方转移支付	343.04	263.68	76.9
十五、商业服务业等事务	618.03	852.58	138.0
中央本级支出	155.77	201.92	129.6
对地方转移支付	462.26	650.66	140.8
十六、金融监管等事务支出	778.04	429.54	55.2
中央本级支出	778.04	415.54	53.4
对地方转移支付		14.00	
十七、地震灾后恢复重建支出	969.99	780.01	80.4
中央本级支出	130.60	42.93	32.9
对地方转移支付	839.39	737.08	87.8
十八、国土气象等事务	244.38	336.25	137.6
中央本级支出	160.04	131.32	82.1
对地方转移支付	84.34	204.93	243.0
十九、住房保障支出	979.32	992.58	101.4
中央本级支出	455.19	376.58	82.7
对地方转移支付	524.13	616.00	117.5
二十、粮油物资储备管理事务	1 128.59	1 078.41	95.6
中央本级支出	649.66	781.61	120.3
对地方转移支付	478.93	296.80	62.0
廿一、预备费		400.00	
廿二、国债付息支出	1 320.70	1 535.16	116.2

（续表）

项目	2009 年执行数	2010 年预算数	预算数为上年执行数的%
中央本级支出	1 320.70	1 535.16	116.2
廿三、其他支出	441.17	614.74	139.3
中央本级支出	173.11	205.69	118.8
对地方转移支付	268.06	409.05	152.6
对地方税收返还	4 942.27	5 004.36	101.3
对地方一般性转移支付	8 852.74	9 445.14	106.7
中央财政支出	43 901.14	46 660.00	106.3

注：本表对地方一般性转移支付，加上“2010 年中央对地方税收返还和转移支付预算表”中的一般公共服务、公共安全、教育、社会保障和就业、医疗卫生和农林水等一般性转移支付，等于“2010 年中央对地方税收返还和转移支付预算表”中的一般性转移支付总额。

2009年中央财政预算平衡关系

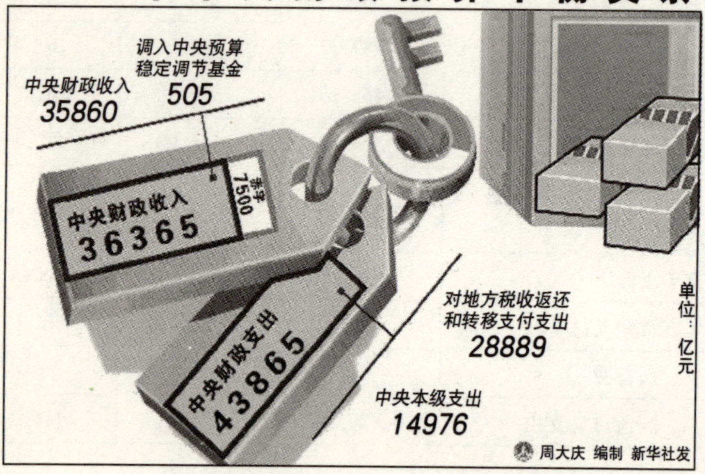

三、政府投融资

通过财政预算可以预测政府未来的资金状况。当预算收入大于支出时可以适当地通过购买他国国债等方式进行投资，也可以适当地加强基础设施建设。当预算收入小于预算支出时，政府就会出台一些筹资计划如发行国债等，如表1-4所示。

表1-4 2012年第二季度储蓄国债发行计划

品 种	期限(年)	发行月份	付息方式
凭证式	3	4月	到期一次还本付息
	5		
电子式	3	5月	每年付息一次
	5		
电子式	3	6月	每年付息一次
	5		

企业的资金预算

资金是企业的"血液"，企业的资金流如果出现问题会对企业造成致命的打击。资金预算可以使企业提早发现可能存在的问题，并且预先做好应对措施。一般企业的资金预算包括现金收入、现金支出、现金多余或不足、资金的筹集和运用。

作为企业管理者，应该了解企业的现金收支状况，并编制资金预算表，从而管好整个企业的资金运转。资金预算表如表 1 –5 所示。

表 1 –5　资金预算

单位：元

项目	第一季度	第二季度	第三季度	第四季度	全年
期初现金余额	108 000	135 000	132 075	96 260	108 000
加：销货现金收入	486 000	810 000	1 147 500	1 215 000	3 658 500
可供使用的现金	594 000	945 000	1 279 575	1 311 260	3 766 500
减：各项支出：					
直接材料	157 500	250 200	313 380	292 500	1 013 580
直接人工	94 500	139 500	175 500	131 400	540 900
制造费用	195 750	240 750	276 750	232 650	945 900
销售及管理费用	139 500	162 000	184 500	162 000	648 000
所得税	36 000	36 000	36 000	36 000	144 000
购买设备	—	144 000	—	—	144 000
股利	18 000	18 000	18 000	18 000	72 000
支出合计	641 250	990 450	1 004 130	872 550	3 508 380

（续表）

项目	第一季度	第二季度	第三季度	第四季度	全年
现金多余或不足	-47 250	-45 450	275 445	438 710	258 120
向银行借款	182 250	177 525	—	—	359 775
还银行借款	—	—	152 131	207 644	359 775
借款利息（年利12%）	—	—	27 054	6 229	33 283
期末现金余额	135 000	132 075	96 260	224 837	224 837

“现金收入”包括期初现金余额和销货现金收入，销货现金收入是其主要来源。年初的“现金余额”是在编制预算时预计的。销货现金收入的数据来自销售预算。

“现金支出”包括预算期的各项现金支出。直接材料、直接人工、制造费用、销售与管理费用的数据分别来自前边的有关预算。此外，还包括所得税、购置设备、股利分配等现金支出，有关数据分别来自另行编制的专门预算。

现金多余或不足，是现金收入与现金支出的差额，差额为正，说明收大于支，现金有多余，可用于偿还借款或者用于短期投资；差额为负，支大于收，现金不足，要向银行借款。

家庭的资金预算

家庭预算是对家庭未来一定时期收入和支出的计划，我们可以参考过去的收支情况，以此为基础对每期的每项收入、支出进行估算，以达到引导、监控、制约各项支出的目标。

家庭的资金预算内容主要包括家庭收入、家庭的花费支出、购房及子女教育费用等。作为一家之主，应该了解家庭的收入和支出的状况，这样就可以用好家里的每一分钱，从而使整个家庭不会遭遇财务危机。家庭收支也可以制作简单的预算表，如表1－6、表1－7所示。

表1－6　家庭收支预算及平衡表

收入

单位：元

	项目	预算收入金额	实际收入金额
1	工薪收入		
2	利息收入		
3	经营收入		
4	租赁收入		
5	其他		
6			
	合计		

支出

	项目	预算支出金额	实际支出金额	结余
1	房租水电			
2	饮食营养			

（续表）

	项目	预算支出金额	实际支出金额	结余
3	交通通讯			
4	社交活动			
5	医疗保健			
6	保险支出			
7	分期付款			
8	教育费用			
9	文化生活			
10	其他			
11				
	合计			

注：

1. 家庭支出如有盈余，用正数表示，如有超出，用负数或红字表示。

2. 管理好单据凭证（如发票，银行扣缴单据，捐款，借贷收据，刷卡签单及存、提款单据等），记下消费时间、金额、品名等项目。按日期顺序排列，方便日后统计。

3. 削减不必要的支出，弥补赤字、以盈补欠等。

表1－7 “家庭基金”的各种消费比例

	项目	占固定收入的百分比率	用途说明
1	生活基金	40%	吃穿住等日常基本生活开支，并设小账本加以明细
2	文化基金	10%	体育，娱乐和文化等方面的消费
3	建设基金	20%	购置耐用消费品（所谓的大件）和为未来的房屋购买装修作经济准备
4	投资基金	20%	银行储蓄、债券、基金、股票、邮票、纪念币、艺术品等方面

（续表）

	项目	占固定收入的百分比率	用途说明
5	亲情基金	10%	赡养父母或照顾尚未经济独立的直系亲属
	合计	100%	以上基金设立后，量化好分配比例后，须遵守，坚决执行，切不可随意变动或半途而废。杜绝超支、挪用、透支

更多

家庭财务规划

在做家庭财务规划时要谨记：

(1)避免出现财务危机。尤其对于子女教育费用和退休财务的规划，保险额度最好是家庭年收入的10倍以上。

(2)有规律地储蓄。储蓄是避免发生财务危机的一种方式，有规律地定期定额进行储蓄，可以使家庭在面对突发事件时较为轻松地度过。

快速掌握现金流量表

树立资金预算管理意识，要根据各部门年度资金预算，分别将现金流量预算细化到每季、每月、每旬、每周，资金预算管理以企业的现金流为核心，现金流量表反映企业在一定会计期间现金和现金等价物流入和流出的报表，了解现金流量表的结构、内容及编制过程，可以清楚地了解企业一定会计期间内的现金及现金等价物的流入流出状况，为下一个会计期间资金预算管理的制定、实施和调整提供指导。本章教你如何快速看懂现金流量表，进而根据现金流量表判断公司现金的来源、公司筹措资金的能力、公司投资厂房设备的现金额以及公司可供支配的现金额度等。

在这一章，你将会知道

- ◇ 如何判断公司各项资金的来源及去向。
- ◇ 如何判断公司的经营活动赚了多少钱。
- ◇ 如何判断公司近期是否有必须还的债务。
- ◇ 如何分析公司的现金是否够用。
- ◇ 如何了解现金流量表与资金预算的关系。
- ◇ 如何了解股东投资获利情况。

现金流量表的定义和构成

现金流量表是反映公司在一定期间内的现金收入和现金支出的报表。一般而言，公司的现金流量越大，对公司越有利，因为公司可以凭充足的现金来扩充设备、增加投资，相应的偿债能力就会强。如果公司的现金不充裕或者不足，那么公司就有可能因营运资金周转不开而面临无法偿还债务的困境。

现金流量的具体内容及格式如表 2－1 所示。

表 2－1　甲公司现金流量表

制表单位：甲公司　　　　2012 年 12 月 31 日　　　　单位：元

项　　目	本期金额	上期金额（略）
一、经营活动产生的现金流量：		
销售商品、提供劳务收到的现金	1 312 500	1 246 875
收到的税费返还	0	0
收到其他与经营活动有关的现金	0	0
经营活动现金流入小计	1 312 500	1 246 875
购买商品、接受劳务支付的现金	392 266	372 653
支付给职工以及为职工支付的现金	300 000	285 000
支付的各项税费	174 703	165 968
支付其他与经营活动有关的现金	80 000	76 000
经营活动现金流出小计	946 969	899 621
经营活动产生的现金流量净额	365 531	347 254
二、投资活动产生的现金流量：		0
收回投资收到的现金	16 500	15 675
取得投资收益收到的现金	30 000	28 500

（续表）

项　　目	本期金额	上期金额（略）
处置固定资产、无形资产和其他长期资产收回的现金净额	300 300	285 285
处置子公司及其他营业单位收到的现金净额	0	0
收到其他与投资活动有关的现金	0	0
投资活动现金流入小计	346 800	329 460
购建固定资产、无形资产和其他长期资产支付的现金	601 000	570 950
投资支付的现金	0	0
取得子公司及其他营业单位支付的现金净额	0	0
支付其他与投资活动有关的现金	0	0
投资活动现金流出小计	601 000	570 950
投资活动产生的现金流量净额	-254 200	-241 490
三、筹资活动产生的现金流量：		0
吸收投资收到的现金	0	0
取得借款收到的现金	560 000	532 000
收到其他与筹资活动有关的现金	0	0
筹资活动现金流入小计	560 000	532 000
偿还债务支付的现金	1 250 000	1 187 500
分配股利、利润或偿付利息支付的现金	12 500	11 875
支付其他与筹资活动有关的现金	0	0
筹资活动现金流出小计	1 262 500	1 199 375
筹资活动产生的现金流量净额	-702 500	-667 375
四、汇率变动对现金及现金等价物的影响	0	0
五、现金及现金等价物净增加额	-591 169	-561 611
加：期初现金及现金等价物余额	1 406 300	1 335 985
六、期末现金及现金等价物余额	815 131	774 374

需要注意的是：现金流量表的表头由公司名称编制日期及货币单位组成。在分析公司的现金流量表时，要先看清公司名称及制表时间。现金流量表的内容主要由经营活动、投资活动和融资活动三部分现金流量数据组成。

更多

注意资产负债表的隐含信息

现金流量表的作用：

(1)为企业未来年度的财务预算尤其是资金预算提供依据；

(2)有助于评价企业偿债能力和周转能力；

(3)有助于分析影响企业现金流量的因素；

(4)评估企业短期内现金是否够用；

(5)评价企业的支付股利的能力。

经营活动产生的现金流量

经营活动的现金流是指与公司的营业活动有关的现金往来情况。判断一家公司的好坏，重要的一点就是看该公司的现金是否充足。现金流量大的公司一般资金周转快，营业活动效率高，获利能力强。

经营活动产生的现金流主要由商品的购销、劳务的提供与接收、税收返还、支付的职工工资及福利费以及支付的各项税费组成。如表 2－2 所示。

表 2－2　甲公司经营活动产生的现金流量

项　目	本期金额	上期金额(略)
一、经营活动产生的现金流量:		
1. 销售商品、提供劳务收到的现金	1 312 500	1 246 875
2. 收到的税费返还	0	0
3. 收到其他与经营活动有关的现金	0	0
经营活动现金流入小计	1 312 500	1 246 875
4. 购买商品、接受劳务支付的现金	392 266	372 653
5. 支付给职工以及为职工支付的现金	300 000	285 000
6. 支付的各项税费	174 703	165 968
7. 支付其他与经营活动有关的现金	80 000	76 000
经营活动现金流出小计	946 969	899 621
经营活动产生的现金流量净额	365 531	347 254

了解经营活动产生的现金流量中各项数据的来源，对理解现金流量表非常有好处。

1. 销售商品、提供劳务收到的现金

销售商品、提供劳务收到的现金＝利润表中主营业务收入×(1＋17%)＋利润表中其他业务收入＋(应收票据期初余额－应收票据期末余额)＋(应收账款期初余额－应收账款期末余额)＋(预收账款期末余额－预收账款期初余额)－计提的应收账款坏账准备期末余额

2. 收到的税费返还

收到的税费返还＝(应收补贴款期初余额－应收补贴款期末余额)＋补贴收入＋所得税本期贷方发生额累计数

3. 收到的其他与经营活动有关的现金

收到的其他与经营活动有关的现金＝营业外收入相关明细本期贷方发生额＋其他业务收入相关明细本期贷方发生额＋其他应收款相关明细本期贷方发生额＋其他应付款相关明细本期贷方发生额＋银行存款利息收入(公式一)

具体操作中，由于是根据两大主表和部分明细账簿编制现金流量表，数据很难精确，该项目留到最后倒挤填列，计算公式是：

收到的其他与经营活动有关的现金＝补充资料中“经营活动产生的现金流量净额”－{(1＋2)－(4＋5＋6＋7)}(公式二)

公式二中数字对应表2－2中项目。

公式二倒挤产生的数据，与公式一计算的结果悬殊不会太大。

更多

注意资产负债表的隐含信息

经营活动现金流量的信息，可以通过下列途径之一取得：

(1)企业的会计记录。

(2)根据下列项目对利润表中的营业收入、营业成本以及其他

项目进行调整：

① 当期存货及经营性应收和应付项目的变动；

② 固定资产折旧、无形资产摊销、计提资产减值准备等其他非现金项目；

③ 属于投资活动或筹资活动现金流量的其他非现金项目。

金融企业可以根据行业特点和现金流量实际情况，合理确定经营活动现金流量项目的类别。

4. 购买商品、接受劳务支付的现金

购买商品、接受劳务支付的现金＝〔利润表中主营业务成本＋（存货期末余额－存货期初余额）〕×（1＋17%）＋其他业务支出（剔除税金）＋（应付票据期初余额－应付票据期末余额）＋（应付账款期初余额－应付账款期末余额）＋（预付账款期末余额－预付账款期初余额）

5. 支付给职工以及为职工支付的现金

支付给职工以及为职工支付的现金＝"应付工资"科目本期借方发生额累计数＋"应付福利费"科目本期借方发生额累计数＋管理费用中"养老保险金"、"待业保险金"、"住房公积金"、"医疗保险金"＋成本及制造费用明细表中的"劳动保护费"

6. 支付的各项税费

支付的各项税费＝"应交税金"各明细账户本期借方发生额累计数＋"其他应交款"各明细账户借方数＋"管理费用"中"税金"本期借方发生额累计数＋"其他业务支出"中有关税金项目

即：实际缴纳的各种税金和附加税，不包括进项税。

7. 支付的其他与经营活动有关的现金

支付的其他与经营活动有关的现金＝营业外支出（剔除固定资产处置损失）＋管理费用（剔除工资、福利费、劳动保险金、待业保险金、住房公积金、养老保险、医疗保险、折旧、坏账准备或坏账损失、列入的各项税金等）+营业费用、成本及制造费用（剔除工资、福利费、劳动保险金、待业保险金、住房公积金、养老保险、医疗保险等）+其他应收款本期借方发生额+其他应付

由于与经营活动有关的现金流所涉及的事项比较多，在核算各项金额时要注意防止重复计算的情况发生。

更多

经营活动产生的现金流量分析

（1）将销售商品、提供劳务收到的现金与购进商品、接受劳务付出的现金进行比较。在企业经营正常、购销平衡的情况下，二者比较是有意义的。比率大，说明企业的销售利润大，销售回款良好，创现能力强。

（2）将销售商品、提供劳务收到的现金与经营活动流入的现金总额比较，可大致说明企业产品销售现款占经营活动流入的现金的比重有多大。比重大，说明企业主营业务突出，营销状况良好。

（3）将本期经营活动现金净流量与上期比较，增长率越高，说明企业成长性越好。

投资活动产生的现金流量

现金流量表中的投资活动比通常所指的短期投资和长期投资范围要广，投资活动包括非现金等价物的短期投资和长期投资的购买与处置、固定资产的购建与处置、无形资产的购建与处置等。通过单独反映投资活动产生的现金流量，可以了解为获得未来收益和现金流量导致资源转出的程度，以及以前资源转出带来的现金流入的信息。如表2－3所示。

提 示

一般来说，发生大笔的现金流入可能是企业近期处置固定资产或负债，发生大笔的现金流出可能是企业近期购置固定资产或扩充生产设备。

投资活动的现金流越多表示企业的投资越多，也就是意味着企业在扩大规模，表示企业管理人非常有信心获利。往往这种企业发行的股票就有潜力。

表2－3 甲公司投资活动产生的现金流量

项　　目	本期金额	上期金额(略)
二、投资活动产生的现金流量：	0	0
收回投资收到的现金	16 500	15 675
取得投资收益收到的现金	30 000	28 500
处置固定资产、无形资产和其他长期资产收回的现金净额	300 300	285 285

（续表）

项　　目	本期金额	上期金额（略）
处置子公司及其他营业单位收到的现金净额	0	0
收到其他与投资活动有关的现金	0	0
投资活动现金流入小计	346 800	329 460
购建固定资产、无形资产和其他长期资产支付的现金	601 000	570 950
投资支付的现金	0	0
取得子公司及其他营业单位支付的现金净额	0	0
支付其他与投资活动有关的现金	0	0
投资活动现金流出小计	601 000	570 950
投资活动产生的现金流量净额	-254 200	-241 490

小案例

甲公司出售一台不用的设备，收到货款60 000元，该设备原价为80 000元，已提折旧30 000元，支付该设备拆卸费400元，运输费160元，设备已由购入单位运走。

本期处置固定资产、无形资产和其他长期资产所收回的现金净额计算如下：

本期出手固定资产和其他长期资产收到的现金　　60 000

减：支付出售固定资产的清理费用（400+160）　　560

处置固定资产、无形资产和其他长期资产所收回的现金净额（60 000-560）　　59 440

小案例

甲公司以银行存款2 000 000元分别投资于A公司、B公司、C公司，其中1 500 000元投资于A公司，占其股本的75%，采用权益法核算；200 000元投资于B公司，占其股本总额的5%，采用成本法核算；300 000元投资于C公司，占其股本总额的10%，采用成本核算。此外，购买中国银行发行的金融债券，面值总额2 000 000元，票面利率为8%，实际支付金额为2 040 000元。

本项投资所支付的现金计算如下：

投资于A公司的现金总额1 500 000元，加投资于B公司的现金总额200 000元，投资于C公司的现金总额300 000元，投资于中国银行金融债券的现金总额2 040 000元。则投资所支付的现金总额为4 040 000元。

更多

投资活动产生的现金流量分析

当企业扩大规模或开发新的利润增长点时，需要大量的现金投入，投资活动产生的现金流入量补偿不了流出量，投资活动现金净流量为负数，但如果企业投资有效，将会在未来产生现金净流入用于偿还债务、创造收益，企业不会有偿债困难。因此，分析投资活动现金流量，应结合企业目前的投资项目进行，不能简单地以现金净流入还是净流出来论优劣。

提示

如果厂商预期未来接单顺利，就会增加资本支出扩大生产；如果行业前景不明朗，厂商会转移投资或者减少资金支出，等待景气的时候再增加投资。因此，投资者可以根据各大龙头公司的资本支出动向，来判断该行业总体上是否景气。

筹资活动产生的现金流量

筹资活动产生的现金流量是指公司举债或者增加股本而产生的现金流动。它包括吸收投资收到的现金，取得借款收到的现金，收到其他与筹资活动有关的现金，偿还债务支付的现金，分配股利、利润或偿付利息支付的现金，支付其他与筹资活动有关的现金等。如表2－4所示。

提 示

现金流量表中，本项目反映企业以发行股票、债券等方式筹集资金实际收到的款项净额(发行收入减去支付的佣金等发行费用后的净额)。

需要注意的是，以发行股票、债券等方式筹集资金而由企业直接支付的审计、咨询等费用，不在本项目中反映，而在“支付的其他与筹资活动有关的现金”项目中反映；由金融企业直接支付的手续费、宣传费、咨询费、印刷费等费用，从发行股票、债券取得的现金收入中扣除，以净额列示。

表2－4 甲公司筹资活动产生的现金流量

项　　目	本期金额	上期金额(略)
三、筹资活动产生的现金流量：	0	0
吸收投资收到的现金	0	0
取得借款收到的现金	560 000	532 000
收到其他与筹资活动有关的现金	0	0
筹资活动现金流入小计	560 000	532 000

（续表）

项　　目	本期金额	上期金额(略)
偿还债务支付的现金	1 250 000	1 187 500
分配股利、利润或偿付利息支付的现金	12 500	11 875
支付其他与筹资活动有关的现金	0	0
筹资活动现金流出小计	1 262 500	1 199 375
筹资活动产生的现金流量净额	-702 500	-667 375

提 示

会计准则修订前的“吸收权益性投资所收到的现金”、“发行债券所收到的现金”项目，在修订后的会计准则中的"吸收投资所收到的现金"项目中反映。

小案例

甲公司对外公开募集股份20 000 000股，每股1元，发行价每股1.1元，代理发行的证券公司为其支付的各种费用共计300 000元。此外，甲企业为建设一新项目，批准发行40 000 000元的长期债券。与证券公司签署的协议规定：该批长期债券委托证券公司代理发行，发行手续费为发行总额的3.5%，宣传及印刷费由证券公司代为支付，并从发行总额中扣除。该企业至委托协议签署为止，已支付咨询费、公证费等5 800元。证券公司按面值发行债券，价款全部收到，支付宣传及印刷费等各种费用114 200元。按协议将发行款划至企业在银行的存款账户上。

本期吸收投资所收到的现金计算如下：

发行股票取得的现金	21 700 000
其中：发行总额(20 000 000×1.1)	22 000 000

减：发行费用	300 000
发行债券取得的现金	38 485 800
其中：发行总额	40 000 000
减：发行手续费(40 000 000 ×3.5%)	1 400 000
因发行债券证券公司代付的各种费用	114 200
吸收投资所收到的现金	60 185 800

本例中，已支付的咨询费、公证费等 5 800 元，应在“支付的其他与筹资活动有关的现金”项目中反映。

现金及现金等价物

现金是指企业的库存现金以及可以随时用于支付的存款。现金等价物是指企业持有的期限短、流动性强、易于转换为已知金额现金、价值变动风险很小的投资。现金等价物虽然不是现金，但其支付能力与现金差别不大，可视为现金。如企业为保证支付能力，手持必要的现金，为了不使现金闲置，可以购买短期债券，在需要现金时，随时可以变现。

一项投资被确认为现金等价物必须同时具备四个条件：期限短、流动性强、易于转换为已知金额现金、价值变动风险很小。其中，期限较短，一般是指从购买日起三个月内到期。例如可在证券市场上流通的三个月内到期的短期债券投资等。如表2－5所示。

提 示

现金及现金等价物出现负数时，就要特别注意企业是否出现了资金周转不灵的情况。

表2－5 甲公司现金及现金等价物流量

项　目	本期金额	上期金额（略）
五、现金及现金等价物净增加额	－591 169	－561 611
加：期初现金及现金等价物余额	1 406 300	1 335 985
六、期末现金及现金等价物余额	815 131	774 374

计算公式如下：

期末现金及现金等价物余额＝期初现金及现金等价物余额＋现金及现金等价物本期净增加额（净减少额用负数表示）

现金流量表补充资料

现金流量表的正式表格后面，一般都包含一个补充资料，这部分内容也是十分重要的，因为补充资料正是为了使报表使用者更全面地了解企业的财务变动情况而设置的。

补充资料实际上包含三部分内容：

(1)“将利润调节为经营活动的现金流量”。

(2)“不涉及现金收支的投资和筹资活动”，从中可以了解到企业以非货币性资产偿还债务、以固定资产进行长期投资以及融资租入固定资产等情况。

不涉及现金收支的投资和筹资活动的各项目如下：

①“以固定资产偿还债务”项目，反映企业本期实际以固定资产清偿的债务金额，即反映已经清偿的债务金额。

②“以对外投资偿还债务”项目，反映企业本期实际以对外投资偿还债务的金额，即反映已经清偿的债务金额。

③“以固定资产进行投资”项目，反映企业本期以固定资产对外投资的金额，即在报表补充资料中应当填列以固定资产投资时，实际记入有关投资科目的金额。

④“以存货偿还债务”项目，反映企业本期以存货偿还债务的金额，即反映已经清偿的债务金额。

⑤“接受捐赠非现金资产”项目，反映企业本期实际接受捐赠非现金资产的价值，不包括接受捐赠非现金资产时由企业支付的其他费用。

⑥“融资租入固定资产”项目，反映企业本期融资租入固定资产应计入“长期应付款”的金额。

(3)“现金及现金等价物净增加额”，它应该与现金流量表表格中的同名项目相等。如表2－6所示。

表2－6 甲公司现金流量表补充资料

2012年12月31日

补充资料	本期金额	上期金额
1. 将净利润调节为经营活动现金流量：		
净利润	225 000	213 750
加：资产减值准备	309 00	29 355
固定资产折旧、油气资产折耗、生产性生物资产折旧	100 000	95 000
无形资产摊销	60 000	57 000
长期待摊费用摊销	0	0
处置固定资产、无形资产和其他长期资产的损失(收益以“－”号填列)	50 000	47 500
固定资产报废损失(收益以“－“号填列)	19 700	18 715
公允价值变动损失(收益以“－”号填列)	0	0
财务费用(收益以“－”号填列)	11 500	10 925
投资损失(收益以“－”号填列)	－31 500	－29 925
递延所得税资产减少(增加以“－”号填列)	－7 500	－7 125
递延所得税负债增加(减少以“－”号填列)	0	0
存货的减少(增加以“－”号填列)	95 300	90 535
经营性应收项目的减少(增加以“－”号填列)	－120 000	－114 000
经营性应付项目的增加(减少以“－”号填列)	32 131	30 524
其他	0	0
经营活动产生的现金流量净额	365 531	347 254

（续表）

补充资料	本期金额	上期金额
2. 不涉及现金收支的重大投资和筹资活动：		
债务转为资本	0	0
一年内到期的可转换公司债券	0	0
融资租入固定资产	0	0
3. 现金及现金等价物净变动情况：		
现金的期末余额	815 131	774 374
减：现金的期初余额	1 406 300	1 335 985
加：现金等价物的期末余额	0	0
减：现金等价物的期初余额	0	0
现金及现金等价物净增加额	－591 169	－561 611

第三章

快速掌握最佳现金持有量

就企业而言，最佳持有量意味着现金余额为零，但是，基于交易、预防、投机动机的要求，企业又必须保持一定数量的现金。企业能否保持足够的现金余额，对于降低或避免经营风险与财务风险具有重要意义。确定最佳现金持有量的模式主要有成本分析模式、存货模式、现金周转模式及随机模式。

在这一章，你将会知道

- ◇ 如何正确地理解最佳现金持有量。
- ◇ 不同最佳现金持有量确认方法的适用条件。
- ◇ 四种最佳现金持有量的确定过程。
- ◇ 如何根据具体情况，适当选择确定现金持有量的方法。

如何正确理解最佳现金持有量

最佳现金持有量又称为最佳现金余额，是指现金满足生产经营的需要，又使现金使用的效率和效益最高时的现金最低持有量。即能够使现金管理的机会成本与转换成本之和保持最低的现金持有量。如表 3－1 所示。

表 3－1　最佳现金持有量的确定模型及影响因素

成本类型	影响因素
成本分析模式	机会成本、管理成本、短缺成本
存货模式	机会成本、交易成本
存货模式	存货周转期、应收账款周转期、应付账款周转期
随机模式	有价证券的固定转换成本、有价证券的日利息率、预期每日现金余额变化的标准差

最佳现金持有量的确定主要是根据公司以往的统计数据，确定最佳现金持有量的方法主要有成本分析模式、存货模式、现金周转模式及随机模式。

确定最佳现金持有量的意义：

(1)企业现金持有过多将影响企业投资收益的提高。

(2)企业现金持有不足，在可能使企业蒙受风险损失的同时，往往还要付出各种无法估量的潜在成本或机会成本。

了解成本分析模式

成本分析模式是根据现金有关成本，分析预测其总成本最低时现金持有量的一种方法。

提示

假设不存在现金和有价证券的转换，因此不考虑交易成本，只考虑因持有一定量的现金而产生的机会成本及短缺成本，而不予考虑管理费用和转换成本，因为管理费用对于各种现金持有量的选取方案而言是固定的。这种模式下，最佳现金持有量就是持有现金而产生的机会成本与短缺成本之和最小时的现金持有量。在成本分析模式下应分析机会成本、管理成本、短缺成本。

一、成本模式涉及到的成本因素

1. 机会成本

机会成本是为了实现某个目标而必须放弃的其他收益，这里的机会成本指的是将资金应用于一项业务而放弃的将资金用于其他项目可能获得的最高收益。假定某企业的资本成本为12%，年均持有100万元的现金，则该企业每年现金的机会成本为12万元(100×12%)。现金持有额越大，机会成本越高。企业为了经营业务，需要拥有一定的现金，付出相应的机会成本代价是必要的。但现金拥有量过多，机会成本代价大幅度上升，就不合算了。

2. 管理成本

企业拥有现金，会发生管理费用，如管理人员工资、安全措施费等，这些费用是现金的管理成本。管理成本是一种固定成本，与现金持有量之间无明显的比例关系。

3. 短缺成本

现金的短缺成本是因缺乏必要的现金、不能应付业务开支所需而使企业蒙受损失或为此付出的代价。现金的短缺成本随现金持有量的增加而下降，随现金持有量的减少而上升。

在成本分析模式中，使机会成本、管理成本和短缺成本之和最小的现金持有量，就是最佳现金持有量。如果将以上三种成本线在一个图中展示，将三种成本相加就能得出持有现金总成本，如图3-1所示。

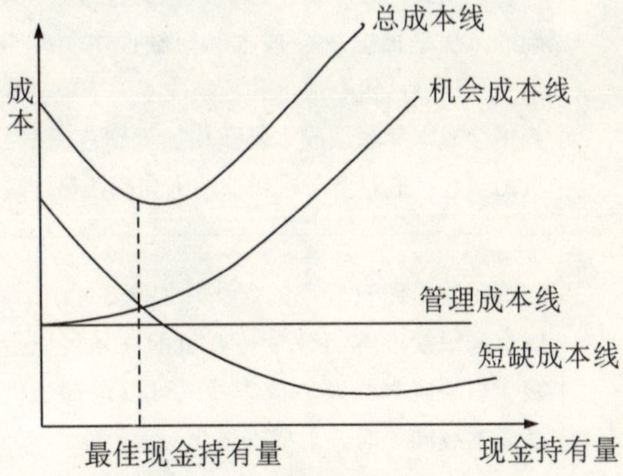

图3-1 最佳现金持有量

找出最佳现金持有量：机会成本随着现金持有量的增加而增加，所以机会成本线向右上方倾斜；短缺成本随着现金持有量的增加而减少，所以短缺成本线向右下方倾斜；管理成本为固定值，因此管理成本线为平行于横轴的平行线；总成本为机会成本、短缺成本和管理成本之和。如图3-1所示，总成本线是一条抛物线，该抛物线的最低点即为持有现金的最低总成本，超过这一点，机会成本上升的代价会大于短缺成本下降的好处；这一点之前，短缺成本上升的代价会大于机会成本下降的好处。这一点在横轴上的量，即是最佳现金持有量。

二、运用成本分析模式确定最佳现金持有量的步骤

1. 最佳现金持有量的确认方法

最佳现金持有量的确认方法如表 3－2 所示。

表 3－2　最佳现金持有量的确认方法

最佳现金持有量的确认方法	内容
数理法	在确认运用成本分析模式确认最佳现金持有量时，最精确的方法是根据机会成本和短缺成本与现金持有量的关系，分别确认机会成本和短缺成本关于现金持有量的函数，将机会成本和短缺成本函数相加得到总成本关于现金持有量的函数，通过求导求极值的方式确认最佳现金持有量
图解法	图解法是比较直观的方法，如图 3－1 所示，根据机会成本和短缺成本与现金持有量的关系可以得到机会成本线、短缺成本线及总成本线，可以得知当机会成本和短缺成本线同等时，总成本最小

更多

确定最佳现金持有量的步骤

(1)根据不同现金持有量测算并确定有关成本数值；

(2)按照不同现金持有量及其有关成本资料编制最佳现金持有量测算表；

(3)在测算表中找出总成本最低时的现金持有量，即最佳现金持有量。在这种模式下，最佳现金持有量，就是持有现金而产生的机会成本与短缺成本之和最小时的现金持有量。

最佳现金持有量的具体计算，可以先分别计算出各种方案的机会成本、管理成本、短缺成本之和，再从中选出总成本之和最低的现金持有量，即为最佳现金持有量。

最佳现金持有量的具体计算，可以先分别计算出各种方案的机会成本、管理成本、短缺成本之和，再从中选出总成本之和最低的现金持有量，即为最佳现金持有量。

小案例

甲公司有四种现金持有方案，它们各自的机会成本、管理成本、短缺成本如表3－3所示。

表3－3　甲公司的四种现金持有方案

方案 项目	1	2	3	4
现金持有量	25 000	50 000	75 000	100 000
机会成本	3 000	6 000	9 000	12 000
管理成本	20 000	20 000	20 000	20 000
短缺成本	12 000	6 750	2 500	0

注：机会成本率即该企业的资本收益率为12%。

这四种方案的总成本计算结果如表3－4所示。

表3－4　现金持有总成本

单位：元

项目＼方案	1	2	3	4
机会成本	3 000	6 000	9 000	12 000
管理成本	20 000	20 000	20 000	20 000
短缺成本	12 000	6 750	2 500	0
总成本	35 000	32 750	31 500	32 000

由表3－4可知，方案1的总成本为35 000元，方案2的总成本为32 750元，方案3的成本为31 500元，方案4的总成本为32 000元。从方案1到方案4，总成本随着现金持有量的增加先降低后增加，方案3的总成本最低。

通过以上分析，可知甲公司的现金持有量为75 000元时，各方面的总成本最低，所以持有75 000元现金在四个方案中是最佳选择。

了解存货模式

一、存货模式的含义

现金持有量的存货模式又称为鲍曼模型，是威廉·鲍曼提出的用以确定目标现金持有量的模型。在存货模式下持有现金的成本由机会成本和证券变现交易成本构成。

更多

存货模式的由来

企业在日常经营活动中持有较多的现金，会降低现金的短缺成本，但同时也会增加占用现金的机会成本；相反，平时持有较少的现金，则会增加现金的短缺成本，却能减少现金占用的机会成本。如果企业平时只持有较少的现金，在需要现金时(如手头的现金用尽)，通过出售有价证券换回现金(或从银行借入现金)，便能既满足现金的需要避免短缺成本，又能减少机会成本。因此，适当的现金与有价证券之间的转换，是企业提高资金使用效率的有效途径。这与企业奉行的营运资金政策有关。但是，任意地进行有价证券与现金的转换，还是会加大企业的成本。因此，如何确定每次有价证券与现金的转换量是一个需要研究的问题。这可以应用现金持有量的存货模式解决。

企业每次以有价证券转换现金是要付出代价的(如支付经纪费用)，这被称为现金的交易成本。现金的交易成本与现金转换次数、每次的转换量有关。假定现金每次的交易成本是固定的，在企业一定时期现金使用量确定的前提下，每次转换现金的金额越小，企业平时持有的现金量便越低，转换的次数会越多，现金的交易成本就越高；反之，每次以有价证券转换现金的金额越大，企业平时持有的现金量便越高，转换的次数便越少，现金的交易成本就越低。如此可知，现金的交易成本与现金的平时持有量成反比，这与现金短缺成本的性质是一致的。

在现金成本构成的图示上，可以将现金的交易成本与现金的短缺成本合并为同一条曲线，并不再考虑大体上固定不变的管理成本，这样，现金的成本构成如图 3－2 所示。

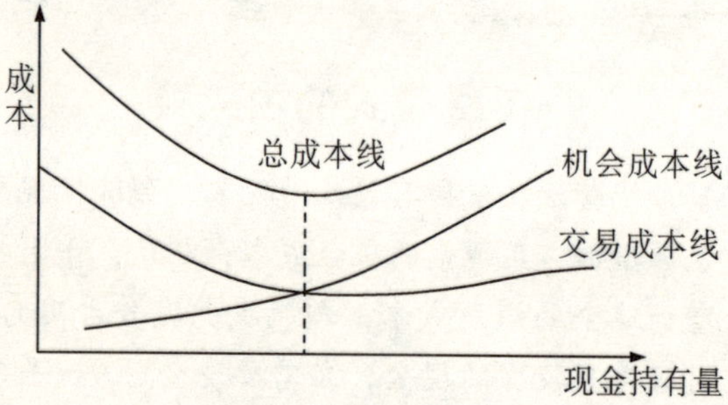

图 3－2　现金成本

在图 3－2 中，现金的机会成本线和交易成本线是两条随现金持有量成不同方向发展的曲线，两条曲线交叉点相应的现金持有量，即总成本最低的现金持有量，它可以运用现金持有量存货模式求出。

如果这些条件基本得到满足，企业便可以利用存货模式来确定最佳现金持有量。

提 示

运用存货模式确定最佳现金持有量时，是以下列假设为前提的：

(1)企业所需要的现金可通过证券变现取得，且证券变现的不确定性很小；

(2)企业预算期内现金需要总量可以预测；

(3)现金的支出过程比较稳定、波动较小，而且每当现金余额降至零时，均通过部分证券变现得以补足；

(4)证券的利率或报酬率以及每次固定性交易费用可以获悉。

了解现金周转模式

一、现金周转模式的含义

现金周转模式作为一种确定最佳现金持有量的计算方式，全面地描述了存货资金周转的过程，为准确地计算存货资金周转期提供了有效的依据。

现金周转模式是以现金周转期来确定最佳现金持有量的模式。它是现金从投入生产经营到最终再转化为现金的一个全过程。周转模式对现金收支比较均衡的企业适用。

影响现金周转模式的因素主要有三点：

(1)存货周转期；

(2)应收账款周转期；

(3)应付账款周转期。

提 示

用现金周转模式来计算最佳现金持有量，主要步骤有：

(1)确定现金周转期。

现金周转期＝存货周转期＋应收账款周转期－应付账款周转期

(2)确定现金周转率。

现金周转率＝360/现金周转期

(3)确定最佳现金持有量。

最佳现金持有量＝年现金总需求量/现金周转率

二、现金周转模式的运用

其中，存货周转期是指将原材料转化成产成品并售出所需要的时间；应收账款周转期是指将应收账款转化为现金所需要的时间；应付账款周转期是指从收到尚未付款的材料开始到现金支出之间的时间。

小案例

某公司预计全年需要用资金2 000万元，预计存货周转期90天，应收应付款周转均为60天，计算现金周转模式计算最佳现金持有量。

(1)现金周转期=存货周转期+应收周转期-应付款周转期

=90+60-60=90(天)；

(2)现金周转率=计算期天数/现金周转期

=360天/90天=4；

(3)最佳现金持有量=全年现金需求量/现金周转率

=2 000/4=500(万元)。

了解随机模式

一、随机模式的含义

随机模式是在现金需求难以预知的情况下进行现金持有量控制的方法。对企业来讲，现金需求量往往波动大且难以预知，但企业可以根据历史经验和现实需要，测算出一个现金持有量的控制范围，即制定出现金持有量的上限和下限，将现金持有量控制在上下限之内。当现金持有量达到控制上限时，用现金购入有价证券，使现金持有量下降；当现金持有量降到控制下限时，则抛售有价证券换回现金，使现金持有量回升。若现金持有量在控制的上下限之间，便不必进行现金与有价证券的转换，保持它们各自的现有存量即可。这种对现金持有量的控制，如图 3 –4 所示。

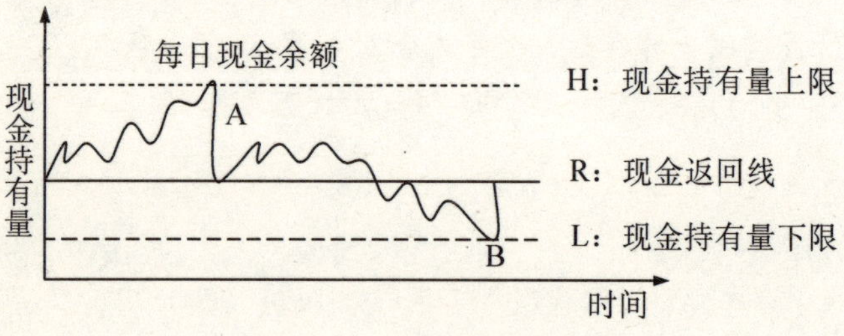

图 3 –4　现金持有量控制

图 3 –4 中，虚线 L 为现金持有量的下限，虚线 H 为现金持有量的上限，实线 R 为最优现金返回线。从图 3 –4 可以看到，企业的现金存量(表现为现金每日余额)是随机波动的，当其达到 A 点时，即达到了现金控制的上限，企业应用现金购买有价证券，使现金持有量回落到现金返回线(R 线)的水平；当现金持有量降至 B 点时，即达到了现金控制的下限，企业应转让有价证券换回现金，

使其存量回升至现金返回线的水平。现金存量在上下限之间的波动属控制范围内的变化，是合理的，可不予理会。

以上关系中的上限 H、现金返回线 R 可按下列公式计算：

$$R=\sqrt[3]{\frac{3b\delta^2}{4i}}+L$$

$$H=3R-2L$$

公式中：b 为每次有价证券的固定转换成本；i 为有价证券的日利息率；δ 为预期每日现金余额变化的标准差（可根据历史资料测算）。

二、随机模式的应用

随机模式的应用可以用下面的小案例说明。

小案例

假定某公司有价证券的年利率为9%，每年固定转换成本为50元，公司认为任何时候其银行活期存款及现金余额均不能低于1 000元，又根据以往经验测算出现金余额波动的标准差为800元。则最优现金返回线 R、现金控制上限 H 的计算过程为：

有价证券日利率 = 9% ÷ 360 = 0.025%。

$$R=\sqrt[3]{\frac{3b\delta^2}{4i}}+L=\sqrt[3]{\frac{3\times50\times800^2}{4\times0.025\%}}+1\ 000=5\ 579(元)。$$

$H=3R-2L=3\times5\ 579-2\times1\ 000=14\ 737$（元）。

因此，当该公司的现金余额达到14 737元时，即应以9 158元（14 737 − 5 579）的现金去投资于有价证券，使现金持有量回落至5 579元；当公司的现金余额降至1 000元时，则应转让4 579元（5 579 − 1 000）的有价证券，使现金持有量回升至5 579元。如图3－5所示。

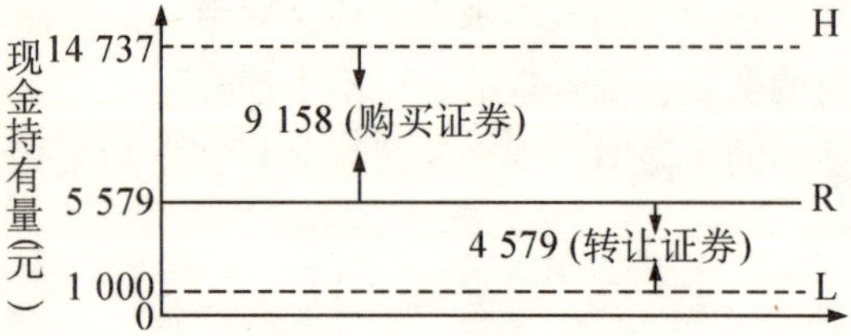

图 3－5 现金持有量的控制

随机模式建立在企业的现金未来需求总量和收支不可预测的前提下，因此计算出来的最佳现金持有量比较保守。

三、随机模式的优点

随机模式设置有最高、最低线，认为只要现金存量在上下限之间波动都是合理的，可不用调整，这一点比成本分析模式、存货模式都强。成本分析模式和存货模式计算出来的都是一个固定不变的绝对值，任何一个企业都不可能将一年 365 天的现金都保持在相同的数额上。最低持有量 L 相当于保险储备量，这对发生突发事件时能有现金应对有重大意义。成本分析模式、存货模式都没有设置这部分现金持有量，如果发生突发事件，企业会束手无策。

快速掌握资金预算的具体内容

资金预算是有关预算的汇总。要做好企业的资金预算工作，除了了解企业的现金流量、与资金周转有关业务的核算，还应该全面具体地了解资金预算的内容。资金预算由资金收入、资金支出、资金多余或不足、资金的筹集和运用四个部分组成。

在这一章，你将会知道

◇ 如何了解资金收入的内容及处理。

◇ 如何了解资金支出的内容及处理。

◇ 如何预测资金的多余与不足。

◇ 如何理解资金的筹集方式及运用方法。

资金收入

“资金收入”部分包括期初资金余额和预算期资金收入，对于一般企业而言，资金收入的主要来源是销货收入。年初的“资金余额”是在编制预算时预计的；“销货资金收入”的数据来自销售预算，“可供使用资金”是期初资金余额与本期资金收入之和。

一、资金收入的定义

资金收入是“资金支出”的对称，有狭义和广义之分。狭义的资金收入指银行回笼货币资金，在我国，中国人民银行发行的人民币是唯一合法的通货，资金收入即回笼流通中的人民币。广义则指社会各单位收入资金，如：商品销售资金收入、储蓄资金收入和非商品服务费收入等，本书中所指的资金收入为广义的资金收入。

二、资金收入管理

1. 业务收入和其他收入资金的管理

业务收入是企业资金收入的最主要的来源，对营业收入的管理对资金收入的预算起着十分重要的作用。

提 示

管理主营业务和其他业务的资金收入要做到以下事项：

(1) 要审核经济业务事项的真实性和合法性；

(2) 对取得的原始凭证的真实性和规范性进行审核；

(3) 审核业务收入和其他收入资金取得过程的规范性；

(4) 审核业务收入和其他收入资金会计核算的规范性。

2. 对出纳人员资金收入的处理流程规定

(1)清楚收入的金额和来源。出纳人员在收到一笔资金之前，应当清楚地知道要收到多少钱，收谁的钱，收什么性质的钱，再按不同的情况进行分析处理。其基本业务流程及内容如图4－1、表4－1所示。

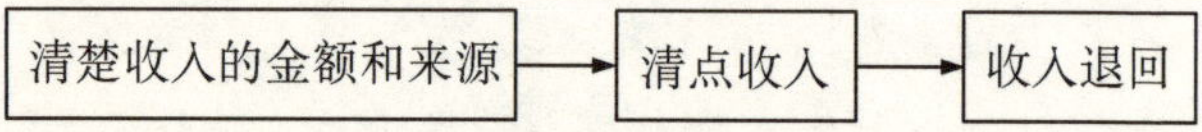

图4－1　出纳人员资金收入处理流程

表4－1　出纳人员收款之前的准备工作

业务名称	内容
确定收款金额	如为现金收入，应考虑库存限额的要求
明确付款人	出纳人员应当明确付款人的全称和有关情况，对于收到的背书支票或其他代为付款的情况，应由经办人加以注明
收到销售或劳务性质的收入	出纳人员应当根据有关的销售(或劳务)合同确定收款额是否按协议执行，并对预收账款、当期实现的收入和收回以前欠款分别进行处理，保证账实一致
收回代付、代垫及其他应付款	出纳人员应当根据账务记录确定其收款额是否相符，具体包括单位为职工代付的水电费、房租、保险金、个人所得税，职工的个人借款和差旅费借款，单位交纳的押金等

(2)清点收入。出纳员在清楚收入的金额和来源后，进行清点核对，清点时应沉着冷静，不要图快。其业务内容如表4－2所示。

表4－2　出纳人员清点现金收入应该进行的操作

业务名称	内容
现金清点	现金收入应与经办人当面点清，在清点过程中，出纳人员发现短缺、假钞等特殊问题，应由经办人负责
银行核实	银行结算收入应由出纳人员与银行相核对，如为电话询问或电话银行查询的，只能作为参考，在取得银行有关的收款凭证后，方可正式确认收入，进行账务处理

（续表）

业务名称	内容
清点核对无误后，按规定开具发票或内部使用的收据	如收入金额较大的，应及时上报有关领导，便于资金的安排调度，手续完毕后，在有关收款依据上加盖“收讫”章。如清点核对并开出单据后，再发现现金短缺或假钞，应由出纳人员负责

(3)收入退回。如因特殊原因导致收入退回的，如支票印鉴不清，收款单位账号错误等，应由出纳人员及时联系有关经办人或对方单位，重新办理收款。

3. 收款票据填写

出纳人员收到业务收入和其他收入现金时，应当依据经济业务事项的内容开具现金收款票据(业务收入有专职收款人员的除外)。现金收款票据包括发票和收据两种。开具现金收款票据时，要使用复写纸如实填写收款日期，付款单位全称或付款人姓名，经济业务事项内容、数量、单位，收款小写和大写金额，开票人、经办人姓名，加盖收款单位印章。填写完毕，将第二联交给付款单位或付款人；将第三联作为登记现金日记账的原始凭证。

4. 从银行提取现金的管理

各单位需要用现金发放工资，或者其库存现金小于库存现金定额而需要用现金补足时，除了按规定可以用非业务性现金收入补充以及国家规定可以坐支的以外，均应按规定从银行提取现金。

各单位从银行提取现金应包括以下程序：

(1)按现金的开支范围签发现金支票。现金支票是由存款人签发，委托开户银行向收款人支付一定数额现金的票据。开户单位应按现金的开支范围签发现金支票，现金支票的金额起点为100元，其付款方式是见票即付。

(2)认真填写支票。签发现金支票时，应认真填写支票的有关内容，如签发日期、收款人全称（单位签发现金支票支取现金，是以自己为收款人）、取款金额（大写和小写金额）、款项用途，并加盖财务章和名章等。一般来说，取款人收到银行出纳人员付给的现金时，应当面清点现金数量，清点无误后才能离开柜台。

提取现金的记账方式：各单位用现金支票提取现金，应根据现金支票存根编制银行存款付款凭证。取款当日，出纳人员根据付款凭证的记录，同时登记银行存款日记账的减少，登记现金日记账的增加。

三、资金收入预算涉及的内容

资金收入预算涉及的内容如表4－3所示。

表4－3　资金收入预算涉及的内容

收入类别	内容
销售收入	是销售商品产品、自制半成品或提供劳务等而收到的货款、劳务价款或取得索取价款凭证确认的收入。销售收入也称做营业收入。营业收入按比重和业务的主次及经常性情况，一般可分为主营业务收入和其他业务收入
提供劳务收入	是指企业通过提供劳务实现的收入，如咨询公司提供咨询服务、软件开发企业为客户开发软件、安装公司提供安装服务等实现的收入
租金收入	是指企业提供固定资产、包装物或其他有形资产的使用权取得的收入
利息收入	是指企业将资金提供给他人使用但不构成权益性投资，或者他人占用本企业资金取得的收入，包括存款利息、贷款利息、债券利息、欠款利息等收入
其他收入	主要包括转让财产收入、股息红利收入、接受捐赠等收入，因为这些收入并非经常发生，且可预测性不强，应视企业的具体情况而定

资金支出

“资金支出”部分包括预算的各项资金支出。其中，“直接材料”、“直接人工”、“制造费用”、“销售与管理费用”的数据，分别来自前述各部门的有关预算；“所得税’、“购置设备”、“股利分配”等资金支出的数据分别来自另行编制的专门预算。

一、资金支出的含义

资金支出是“资金收入”的对称，有狭义和广义之分。狭义即指银行向市场投放货币。在我国，中国人民银行发行的人民币是唯一合法的通货，资金支出即付出人民币。广义则指社会各单位付出资金，如向职工发放工资。收购农副产品、提取储蓄存款和发放救济款，等等。

二、资金支出的内容

1. 材料采购

材料采购成本是指企业从外部购入原材料等所实际发生的全部支出，包括购入材料支付的买价和采购费用(如材料购入过程中的运输费、装卸费、保险费，运输途中的合理损耗，入库前的整理挑选费等。

材料费用占生产行业支出的很大部分，材料采购预算是和销售预算结合在一起的，并根据未来销售量的变化适当地对材料预算进行调整。

2. 工资

工资是指雇主或者用人单位依据法律规定或行业规定，或根据与员工之间的约定，以货币形式对员工的劳动所支付的报酬。工资可以以时薪、月薪、年薪等不同形式计算。按照国家有关规定，工资总额应包括计时或计件工资、奖金、津贴、补贴、加班加点工资。

更多

不属于工资的费用

在中国，由用人单位承担或者支付给员工的下列费用不属于工资：

(1)社会保险费；

(2)劳动保护费；

(3)福利费；

(4)解除劳动关系时支付的一次性补偿费；

(5)计划生育费用；

(6)其他不属于工资的费用。

3. 差旅费的报销

单位工作人员因公出差需借支差旅费，应先到财务部门领取并填写借款单，按照借款单所列内容填写完整，然后送所在部门领导和有关部门人员审查签字。出纳人员根据自己的职权范围，审核无误后给予现金支付。出差人员回来后，持各种原始凭证至出纳人员处依照规定进行报销。

4. 零星采购费用

单位内部有关人员根据生产经营需要进行零星物品采购的费用，可持原始凭证到出纳处，出纳人员认真审核这些开支是否符合有关规定，是否有有关人员或部门批准后予以报销。

5. 备用金的支出

单位内部人员或部门需要领用备用金时，一般由经办人填写借款单据。

由有关领导和人员签字后，出纳将借款单据作为付款凭证，并登记现金日记账。

6. 其他支出

其他支出一般包括以下内容：

根据国务院发布的有关规定颁布的创造发明奖、支付的合理化建议和技术进步奖金。

有关劳动保险和职工福利费，离、退休人员待遇，劳动保护各项支出。

稿费、讲课费及其他专门工作报酬。如出差伙食补助费，误餐补助，调动工作的差旅费和安家费。

对购买本企业股票和债券的职工所支付的股息。劳动合同制职工解除劳动合同时由企业支付的医疗补助费、生活补助费。

支付计划生育独生子女补贴。

更多

资金支出管理

管理资金支出时应注意：

(1) 出纳与会计岗位必须分设，实行相互制约。

(2) 出纳办理现金支出业务，必须取得或填制合法的原始凭证；原始凭证经单位法人或有授权权限的人员签字批准，由领款人或经手人签名。

(3) 支付现金的原始凭证，必须由稽核人员或会计主管人员进行复核后方可支付现金。

(4) 出纳清点付出的现金，必须由其他会计人员进行复点后当面交给领款人；在付款后，出纳应在付款的原始凭证上加盖“现金付讫”戳记。

(5) 支付现金后，出纳应当依据原始凭证所涉及的经济业务事项的内容，及时填制付款凭证，并登记现金日记账。现金日记账每日都应当进行结账。

(6) 严格执行现金清查盘点制度，保证现金安全、完整。出纳人员每天盘点现金实有数，与现金日记账的账面余额核对，保证账实相符。单位会计主管人员必须定期或不定期地安排对现金进行清查盘点，及时发现或防止差错以及挪用、贪污、盗窃等不法行为的发生。如果出现长、短款，必须及时查找原因。

三、资金支出处理流程的规定

1. 明确支出的金额和用途

出纳人员支付每一笔资金的时候，一定要知道准确的付款金额，合理安排资金。

更多

明确支出的金额和用途的具体规定

明确支出的金额和用途的具体规定：

(1) 明确收款人。出纳人员应根据合同、发票以及收款人证明材料等内容办理支付手续。

出纳人员必须严格按合同、发票或有关依据记载的收款人进行付款，对于代为收款的，应当出具原收款人证明材料并与原收款人核实后，方可办理付款手续。

(2) 明确付款用途。对于不合法、不合理的付款应当坚决给予抵制，并向有关领导予以汇报，行使出纳人员的工作权力，用途不明的，出纳人员可以拒付。

2. 付款审批

由经办人填制付款单证，注明付款金额和用途，并对付款事项的真实性和准确性负责。

付款审批的具体规定：

(1)有关证明人的签章。经办人的付款用途中，涉及到实物的，应当有仓库保管员或实物负责人的签收；涉及到差旅、销售费用等的，应当有证明人或知情人加以证明。

(2)有关领导的签字。收款人持证明手续完备的付款单据，报有关领导审阅并签字。

(3)到财务部门办理付款。收款人持内容完备的付款单证，报经会计审核后，由出纳办理付款。

3. 办理付款

付款是资金支出中最关键的一环，出纳人员应当特别谨慎，要用如临深渊、如履薄冰的态度认真对待，因为款一旦付出，发生差错是很难追回的，要严格核实付款金额、用途及有关审批手续。

提 示

资金的支付方式：

(1)现金付款，双方应当面点清。在清点过程中发现短缺、假钞等情况，由出纳员负责。

(2)银行付款，开具支票时，出纳人员应认真填写各项内容，保证要素完整、印鉴清晰、书写正确，如为现金支票，应附领票人的姓名、身份证号码及单位证明。办理转账或汇款时，出纳人员书写应准确、清晰、完整，保证收款人能按时收到款项。

双方确认付款金额后，由收款人签字并加盖“付讫”章。如为转账或汇款的，银行单据直接作为已付款证明。

如确认签字后，再发现现金短缺或其他情况，应由收款经办人负责。

4. 付款退回

如因特殊原因造成支票或汇款退回的，出纳人员应当立即查明原因，如因我方责任引起的，应换开支票或重新汇款，不得借故拖延；如因对方责任引起的，应由对方重新补办手续方可办理。

资金多余或不足

“资金多余或不足”是资金收入合计与资金支出合计的差额。差额为正，说明收入大于支出，资金有多余，可用于偿还借款或用于短期投资；差额为负，说明支出大于收入，资金不足，需要向银行取得新的借款。

更多

现金多余保障系数

现金多余保障倍数是指企业一定时期经营现金净流量同净利润的比值，反映了企业当期净利润中现金收益的保障程度，真实地反映了企业的盈余的质量。盈余现金保障倍数从现金流入和流出的动态角度，对企业收益的质量进行评价，对企业的实际收益能力再一次修正。

计算公式：

盈余现金保障倍数＝经营现金净流量/净利润

盈余现金保障倍数的指标说明：

(1)盈余现金保障倍数是从现金流入和流出的动态角度，对企业收益的质量进行评价，对企业的实际收益能力进行再次修正。

(2)盈余现金保障倍数在收付实现制基础上，充分反映出企业当期净收益中有多少是有现金保障的，挤掉了收益中的水分，体现出企业当期收益的质量状况，同时，减少了权责发生制会计对收益的操纵。

(3)一般而言，当企业当期净利润大于0时，该指标应当大于1。该指标越大，表明企业经营活动产生的净利润对现金的贡献越大。但是，由于指标分母变动较大，致使该指标的数值变动也比较大，所以，对该指标应根据企业实际效益状况有针对性地进行分析。

一、现金短缺的含义

现金短缺是指计划期现金期末金额与理想现金余额(又称最佳现金余额)相比后的余额。如果期末现金余额大于理想现金余额，说明现金有多余，应设法进行投资或归还债务；如果期末现金金额小于理想现金余额，则说明现金短缺，应进行筹资予以补足。

提 示

投资活动现金流量净额为负，表明企业正大量投资、购置资产，处于扩张期；而净额为正，则表明企业正收回投资或者处置资产。

二、现金短缺的决策成本分析

当现金出现短缺(即现金持有不足)时，通常应当考虑现金短缺成本和现金支付成本。

现金短缺成本是指企业不具备相应的现金支付能力，无法满足基本生产经营活动或业务交易的正常需要而给企业带来的经济损失。例如，因无现金购买生产物资而被迫停工待料所蒙受的经济上或企业信誉方面的损失，因缺乏现金支付能力而无法享受现金折扣，等等。

提示

在实际工作中，由于某些客观条件的制约，企业管理者往往需要舍弃未来预期收益较多但眼下现金支付数额也较多的业务项目或行动方案，转而选择未来预期收益较少但目前现金支付数额也较少的业务项目或行动方案。事实上，在这种情况下，只有符合企业当前现金实际支付能力的有关项目或方案，才能算得上是最好的(即最经济的)。从这个意义上讲，企业管理者不应从事任何可望而不可及的业务活动，一切都应以实际现金支付能力为转移。

资金筹集和运用

预计的现金收入主要是销售收入，还有一少部分的其他收入，所以预计现金收入的数额主要来自于销售预算。预计的现金支出主要指营运资金支出和其他现金支出。具体包括采购原材料、支付工资，支付管理费、营业费、财务费等其他费用以及企业支付的税金等。资金预算通过对企业的现金收入、支出情况的预计推算出企业预算期的现金结余情况。如果现金不足，则提前安排筹资，避免企业在需要资金时“饥不择食”；如果现金多余，则可以采取归还贷款或对有价证券进行投资，以增加收益。

一、资金筹集

筹资活动是企业一项重要的财务活动。如果说企业的财务活动是以现金收支为主的资金流转活动，那么筹资活动则是资金运转的起点。筹资的作用主要有两个：满足经营运转的资金需要和满足投资发展的资金需要。

二、筹资的分类

筹资的分类如表 4 –4 所示。

表 4 –4　企业筹资分类汇总表

分类标准	类别	说明
按企业所取得资金的权益特性不同	股权筹资	形成股权资本，是企业依法长期拥有、能够自主调配运用的资本。股权资本在企业持续经营期间内，投资者不得抽回，因而也称之为企业的自有资本、主权资本或股东权益资本。股权筹资项目，包括实收资本（股本）、资本公积金、盈余公积金和未分配利润等

（续表）

分类标准	类别	说明
按企业所取得资金的权益特性不同	债务筹资	是企业通过借款、发行债券、融资租赁以及赊销商品或服务等方式取得的资金形成在规定期限内需要清偿的债务。由于债务筹资到期要归还本金和支付利息，对企业的经营状况不承担责任，因而具有较大的财务风险，但付出的资本成本相对较低。从经济意义上来说，债务筹资也是债券人对企业的一种投资，也要依法享有企业使用债务所取得的经济利益，因而也可以称之为债权人权益
	衍生工具筹资	包括兼具股权与债务特性的混合融资和其他衍生工具融资。我国上市公司目前最常见的混合融资是可转换债券融资，最常见的其他衍生工具融资是认股权证融资
按其是否以金融机构为媒介	直接筹资	是企业直接与资金供应者协商融通资本的一种筹资活动。直接筹资方式主要有吸收直接投资、发行股票、发行债券等。通过直接筹资既可以筹集股权资金，也可以筹集债务资金。按法律规定，公司股票、公司债券等有价证券的发行需要通过证券公司等中介机构进行，但证券公司所起到的只是承销的作用，资金拥有者并未向证券公司让渡资金使用权，因此发行股票、债券属于直接向社会筹资
	间接筹资	是企业借助银行等金融机构融通资本的筹资活动。在间接筹资方式下，银行等金融机构发挥了中介的作用，预先集聚资金，资金拥有者首先向银行等金融机构让渡资金的使用权，然后由银行等金融机构将资金提供给企业。间接筹资的基本方式是向银行借款，此外还有融资租赁等筹资方式，间接筹资形成的主要是债务资金，主要用于满足企业资金周转的需要

（续表）

分类标准	类别	说明
按资金的来源范围不同	内部筹资	是指企业通过利润留存而形成的筹资来源。内部筹资数额的大小主要取决于企业可分配利润的多少和利润分配政策(股利政策)，一般无需花费筹资费用，从而降低了资本成本
	外部筹资	是指企业向外部筹措资金而形成的筹资来源。处于初创期的企业，内部筹资的可能性是有限的；处于成长期的企业，内部筹资往往难以满足需要。这就需要企业广泛地开展外部筹资，如发行股票、债券，取得商业信用、向银行借款等。企业向外部筹资大多需要花费一定的筹资费用，从而提高了筹资成本
按所筹集资金的使用期限不同	长期筹资	是指企业筹集使用期限在1年以上的资金筹集活动。长期筹资的目的主要在于形成和更新企业的生产和经营能力，或扩大企业的生产经营规模，或为对外投资筹集资金。长期筹资通常采取吸收直接投资、发行股票、发行债券、取得长期借款、融资租赁等方式，所形成的长期资金主要用于购建固定资产、形成无形资产、进行对外长期投资、垫支流动资金、产品和技术研发等。从资金权益性质来看，长期资金可以是股权资金，也可以是债务资金
	短期筹资	是指企业筹集使用期限在1年以内的资金筹集活动。短期资金主要用于企业的流动资产和日常资金周转，一般在短期内需要偿还。短期筹资经常利用商业信用、短期借款、保理业务等方式来筹集

提 示

筹资管理的原则：

(1)遵循国家法律法规，合法筹措资金；

(2)分析生产经营情况，正确预测资金需要量；

(3)合理安排筹资时间，适时取得资金；

(4)了解各种筹资渠道，选择资金来源；

(5)研究各种筹资方式，优化资本结构。

三、资金的运用

在企业进行资金预算时，如果企业有大量的多余资金可以合理地选择投资方式，使多余资金为企业带来更大的效益。企业的投资方式可以根据不同的标准有不同的分类，如表4－6所示。

表4－6 投资分类

分类标准	分类	内容
按照投资行为的介入程度	直接投资	是指不借助金融工具，由投资人直接将资金转移交付给被投资对象使用的投资，包括企业内部直接投资和对外直接投资，前者形成企业内部直接用于生产经营的各项资产，如各种货币资金、实物资产、无形资产等，后者形成企业持有的各种股权性资产，如持有子公司或联营公司股份等
	间接投资	是指通过购买被投资对象发行的金融工具而将资金间接转移交付给被投资对象使用的投资，如企业购买特定投资对象发行的股票、债券、基金等

（续表）

分类标准	分类	内容
按照投入的领域不同	生产性投资	是指将资金投入生产、建设等物质生产领域中，并能够形成生产能力或可以产出生产资料的一种投资，又称为生产资料投资。这种投资的最终成果将形成各种生产性资产，包括形成固定资产的投资、形成无形资产的投资、形成其他资产的投资和流动资金投资
	非生产性投资	是指将资金投入非物质生产领域中，不能形成生产能力，但能形成社会消费或服务能力，满足人民的物质文化生活需要的一种投资。这种投资的最终成果是形成各种非生产性资产
按照投资的方向不同	对内投资	就是项目投资，是指企业将资金投放于为取得供本企业生产经营使用的固定资产、无形资产、其他资产和垫支流动资金而形成的一种投资
	对外投资	是指企业为购买国家及其他企业发行的有价证券或其他金融产品（包括期货与期权、信托、保险），或以货币资金、实物资产、无形资产向其他企业（如联营企业、子公司等）注入资金而发生的投资
按照投资的内容不同	分为固定资产投资、无形资产投资、流动资金投资、房地产投资、有价证券投资、期货与期权投资、信托投资和保险投资等多种形式	

更多

项目投资的特点

所谓项目投资，是指以特定建设项目为投资对象的一种长期投资行为。与其他形式的投资相比，项目投资具有投资内容独特（每个项目都至少涉及到一项形成固定资产的投资）、投资数额大、影响时间长（至少一年或一个营业周期以上）、发生频率低、变现能力差和投资风险高的特点。

第五章 快速掌握资金预算的编制方法与程序

资金预算管理应该以以往的经济业务为依据，根据公司未来的发展战略，以及面临的具体的经济环境科学地编制。只有科学合理的资金预算才能有利于企业奋斗目标的具体化，有利于各部门的沟通与协调，有利于日常经济活动的控制，有利于业绩考核和激励机制的实施。

在这一章，你将会知道

◇ 现金收入预算管理的基础原则。

◇ 资金预算的编制主法；

◇ 资金预算编制的具体程序；

◇ 资金预算的编制方法。

了解现金收支预算管理的基本原则

一、收支两条线原则

收支两条线是指收入一条线，支出一条线，两条线要分开。企业各部门、各单位凡是有现金收入的，必须回到企业财务部门，任何单位不得截留现金收入，这就是收入一条线；企业各部门、各单位凡是有现金支出的，必须按照预算规定的项目、金额、时间，由财务部门划拨支出，这就是支出一条线。

提 示

强调收支两条线的原因在于，如果企业下属各部门能够坐支现金，预算对他们没有控制作用。收支两条线的作用范围通常是在一个会计主体内。

(一) 收支两条线资金管理模式的构建

收支两条线资金管理模式的构建可从规范资金的流向、流量和流程三个方面入手，如表5－1所示。

表5－1 收支两条线资金管理模式的构建要点

要点	说明
资金的流向方面	要求各部门或各单位在内部银行设立两个账户（收入户和支出户），并规定所有收入的现金都必须进入收入户，收入户资金由内部银行或财务结算中心统一管理，而所有的货币性支出都必须从支出户里支付，支出户里的资金只能根据一定的程序由收入户划拨而来，严禁现金坐支

（续表）

要点	说明
资金的流量方面	在收入环节上要确保所有收入的资金都进入收入户，不允许有私设的账外小金库。另外，还要加快资金的结算速度，尽量压缩资金在结算环节的沉淀量
	在调度环节上通过动态的现金流量预算和资金收支计划实现对资金的精确调度
	在支出环节上根据“以收定支”和“最低限额资金占用”的原则从收入户按照支出预算安排将资金定期划拨到支出户，支出户平均资金占用额应压缩到最低限度。有效的资金流量管理将有助于确保收入资金及时、足额地回笼，各项费用支出受到合理的控制和内部资金的有效调剂
资金的流程方面	关于账户管理、货币资金安全性等规定
	收入资金管理与控制
	支出资金管理与控制
	资金内部结算与信贷管理及控制
	收支两条线的组织保障

提 示

需要说明的是，收支两条线是一种内部资金管理模式，它与各个部门的发展战略、管理文化和组织架构都有很大的关系。因此，企业在构建收支两条线管理模式时，一定要注意与自己的实际相结合，以管理有效性为导向。

（二）落实收支两条线资金管理模式过程中应注意的问题

1. 加强银行账户的管理

在实行收支两条线过程中，应对现金收支部门或分支机构银行账户的开设、使用和清理实行严格的集中管理，下属单位可不在银行开户而在内部银行或财务结算中心开户。

2. 强调结算纪律

严禁现金坐支。在收支两条线资金管理模式中，不仅收入的现金不得直接用于开支，银行收入户的资金也不能直接用于开支，所有支出的资金来源只能是支出户。

> **提 示**
>
> 为了杜绝现金坐支，还应采取措施进一步强调结算纪律，如当日收入的现金应及时缴存收入户，超过规定限额的现金必须通过银行支付以及不得白条抵库等。

3. 以现金流转为核心来进行财务管理

资金是企业的血液，只有控制现金流量才能确保收入项目资金的及时回笼及各项费用支出的受控，才能加速资金的周转，提高资金的使用效益；在预算管理中，各项预算项目应以现金流为控制源头。因此，应有意识地围绕现金流转这一核心，借助于收支两条线这一平台，企业才能结合实际情况来构建适合于自身的财务管理体系和内部控制系统。

4. 加强有关的制度建设，建立、健全收支两条线资金管理流程

建立、健全收支两条线资金管理流程并通过一定的激励机制和监督机制保证其落实到位。此外，在应用收支两条线资金管理模式时，还应以财务结算中心的运行机制为依托。

二、硬预算原则

如果企业制造一套预算，可以随意地更改，那么预算将毫无意义。所以，科学的预算要讲究刚性，只有这样，预算才能起到其应有的约束作用。当然，这并不是说预算完全不能更改，只要在适当的范围或规定的情况下，可以小范围地调整。对于超出弹性范围的资金支出，要经过部门及公司领导的审议批准。

三、细化原则

现金收支预算要精打细算，要对费用支出的项目进行细分，按规定的标准、定额逐项核算，项目的每一个细节都要计算出来，只有细致的预算才能真正发挥预算的控制作用。预算细化为公司各部门的绩效考评提供了依据，对公司实施合理的奖惩制度提供了考核标准。

四、授权原则

各部门、各单位的现金支出预算由各部门负责人主持编制，审核后报财务部门，经公司批准确认的预算授权财务部门控制执行。各部门、各单位预算内的开支由部门负责人签字生效，无需再经厂长、经理签字。超预算的意外性支出和资本性支出还需要厂长、经理签字方能生效。对未列入预算的项目，财务部门有权拒绝开支。

了解预算的编制方法

企业可以根据不同的预算项目，分别采用固定预算、弹性预算、增量预算、零基预算、定期预算和滚动预算等方法编制各种预算。

一、固定预算与弹性预算编制方法

1. 固定预算编制方法

固定预算，又称静态预算法，是指在编制预算时，只根据预算期内正常的、可实现的某一固定业务量(如生产量、销售量)水平作为唯一基础来编制预算的一种方法。固定预算法存在过于机械呆板和可比性差的缺点。

一般适用于固定费用或者数额比较稳定的预算项目。

提 示

固定预算的缺点表现在：

(1)过于呆板。因为编制预算的业务量基础是实现假定的某个业务量。在这种方法下，不论预算期内业务量水平实际可能发生哪些变动，都只按事先确定的某一个业务量水平作为编制预算的基础。

(2)可比性差。当实际的业务量与编制预算所依据的业务量发生较大差异时，有关预算指标的实际数与预算数就会因业务量基础不同而失去可比性。

比如，某企业预计业务量为销售 100 000 件产品，按此业务量给销售部门的预算费用为 5 000 元。如果该销售部门实际销售量达到 120 000 件，超出了预算业务量，固定预算下的费用预算仍为 5 000 元。

小案例

假定某企业年度生产计划及工时计划如表5－2所示。

表5－2 企业年度生产计划及工时计划表

产品名称	预测销量（件）	期初库存（件）	预计期末库存（件）	计划产量（件）	单位产品工时定额（小时）	计划产量总工时（小时）
甲产品	1 160	200	40	1 000	60	60 000
乙产品	4 200	500	300	4 000	80	320 000

（1）材料费用预算。

材料费用预算一般以生产计划和单位产品消耗定额及材料计划单价为基础，并考虑实现各项措施所降低的节约额加以计算。

表5－3 企业材料费用预算表

项目			A材料	B材料	辅料	合计
单价		1	8元	3元		
甲产品（计划1 000件）	消耗定额	2	3	6		
	费用定额	3＝1×2	24	18	1.2	43.2
	定额耗用量	4＝2×计划产量	3 000	6 000		
	定额费用	5＝3×计划产量	24 000	18 000	1 200	43 200
乙产品（计划4 000件）	消耗定额	6	5	8		
	费用定额	7＝1×6	40	24	2	66
	定额耗用量	8＝6×计划产量	20 000	32 000		
	定额费用	9＝7×计划产量	160 000	96 000	8 000	264 000

（续表）

项目		A材料	B材料	辅料	合计
基本车间一般耗费	10			2 000	2 000
修理车间耗费	11			9 200	9 200
合计	12 = 5 + 9 + 10 + 11	184 000	114 000	20 400	318 400

(2)工资预算。

企业工资预算的编制方法因工资制度的不同而采取不同的方法。在计件工资制度下，生产工人的工资属于变动费用，可按生产预算需要的工时数和小时工资率直接编制；在月工资制度下，工资费用是固定费用，只能依靠职工在册人数、出勤率、平均日工资额等数据来编制。如表5－4所示。

表5－4 企业弹性预算表

项目		年度计划产量总工时（小时）	小时工资率（元）	年度计划工资总额（元）	提取福利费（14%）	合计（元）
基本车间	生产工人	380 000	2	760 000	106 400	866 400
	管理人员			10 000	1 400	11 400
修理车间人员				16 000	2 240	18 240
行政管理部门人员				30 000	4 200	34 200
合计				816 000	114 240	930 240

小时分配率 = 866 400 ÷ 380 000 = 2.28（元/小时）。

甲产品应分配额 = 60 000 × 2.28 = 136 800（元）。

乙产品应分配额 = 320 000 × 2.28 = 729 600（元）。

（3）制造费用预算的编制。

一般大中型企业都设置辅助生产车间，其发生的费用按一定的方法分配到受益单位的产品成本费用中去，所以在编制制造费用预算时，首先要先编制辅助生产车间费用预算，该预算多按成本项目编制，多个项目指标的确定可依据不同的情况处理。

① 有消耗定额的，可根据计划业务量，单位产品消耗定额和计划单价计算。如材料消耗应按所提供的产品或劳务数量、单位产品或劳务所耗材料和材料计划单价计算。

② 凡有规定费用开支标准的按标准计算，如劳动保护费，可根据车间享受人数和规定的标准计算。

③ 凡没有消耗定额和开支标准的费用项目（如低值易耗品）或车间固定费用性质的项目（如办公费），可根据上期预计实际数和计划期节约费用的要求确定。

④ 凡是其他预算资料中有现成资料的（如工资），可直接采用。

辅助生产车间费用预算编制后，应把全部费用分配给各受益单位，分配方法是先计算辅助生产车间所提供的产品或劳务的计划单位成本，再根据各受益单位所需要的计划产品和劳务数量，计算各受益单位应分配的辅助生产费用。如表 5－5 所示。

表 5－5　费用预算

材料（元）	9 200
工资（元）	18 240
制造费用（水电费、折旧费、办公费）（元）	22 560
合计（元）	50 000
修理总工时（小时）	10 000
分配率	5

基本生产车间应分配额 = 受益工时 × 分配率 = 8 000 × 5 = 40 000(元)。

行政管理部门分配率 = 受益工时 × 分配率 = 2 000 × 5 = 10 000(元)。

基本生产车间制造费用预算包括两部分：一是辅助生产车间分配过来的制造费用，二是基本生产车间本身发生的制造费用，这两部分合起来再按一定的标准(一般按计划工时或生产工人工资比例)分配给各类产品。如表 5 - 6 所示。

表 5 - 6 各项费用分配表

单位：元

工资	办公费	折旧费	机物料消耗	修理费	水电费	劳动保护费	低值易耗品摊销	其他	合计
11 400	20 000	78 000	2 000	40 000	10 000	6 120	2 400	1 080	171 100

工资费用分配率 = 171 100 ÷ 380 000 = 0.45。

甲产品应分配费用 = 60 000 × 0.45 = 27 000(元)。

乙产品应分配费用 = 320 000 × 0.45 = 144 000(元)。

固定预算适用于编制相对稳定的预算，一般在计划和实际不会有较大出入的情况下，可采用固定预算。固定预算的计算比较直接也比较简单，由于企业生产经营状况受主观条件影响很大，不确定的因数很多，经常发生变动，使预算的作用受到了限制。

2. 弹性预算编制方法

弹性预算是在按照成本(费用)习性分类的基础上，根据量、本、利之间的依存关系，考虑到计划期间业务量可能发生的变动，编制出一套适应多种业务量的费用预算，以便分别反映在不同业务量的情况下所应支出的成本费用水平。该方法是为了弥补固定预算的缺陷而产生的。编制弹性预算所依据的业务量可能是生产量、销售量、机器工时、材料消耗量和直接人工工时等。

提示

弹性预算的优点表现在：

(1)预算范围宽；

(2)可比性强。弹性预算一般适用于与预算执行单位业务量有关的成本(费用)、利润等预算项目。

弹性预算的编制，可以采用公式法，也可以采用列表法。

(1)公式法。公式法是假设成本和业务量之间存在线性关系，成本总额、固定成本总额、业务量和单位变动成本之间的变动关系可以表示为：

$$Y = a + bx$$

其中：Y是成本总额，a表示不随业务量变动而变动的那部分固定成本，b是单位变动成本，x是业务量，某项目成本总额Y是该项目固定成本总额和变动成本总额之和。这种方法要求按上述成本与业务量之间的线性假定，将企业各项目成本总额分解为变动成本和固定成本两部分。

(2)列表法。列表法是指通过列表的方式，在相关范围内每隔一定业务量间隔计算相关数值预算的方法。即不管实际业务量多少，不必经过计算即可找到与实际相近的预算成本，控制成本比较方便。这种方法工作量较大，但结果比公式法更精确些。

小案例

某企业的制造费用项目单位变动费用和固定费用资料如表5－7所示。

表5－7 某企业制造费用项目单位变动费用和固定费用资料

费用明细项目	单位变动费用（元/工时）	费用明细项目	固定费用（元）
变动费用：		固定费用：	
间接人工	0.5	维护费用	12 000
间接材料	0.6	折旧费用	30 000
维护费用	0.4	管理费用	20 000
水电费用	0.3	保险费用	5 000
机物料	0.2	财产税	
小计	2.0	小计	77 000

假设该企业预算期可能的预算工时变动范围为49 000～51 000工时，制造费用弹性预算如表5－8所示。

表5－8 制造费用弹性预算表(公式法)

工时变动范围：49 000～51 000小时

单位：元

项目	a(固定成本)	b(变动成本)
固定部分		
维护费用	12 000	—
折旧费用	30 000	—
管理费用	20 000	—
保险费用	10 000	—
财产税	5 000	—
小计	77 000	—
变动部分		
间接人工	—	0.5
间接材料	—	0.6
维护费用	—	0.4

（续表）

项目	a(固定成本)	b(变动成本)
水电费用	—	0.3
机物料	—	0.2
小计	—	2.0

提示

公式法的优缺点：

优点：在一定范围内，预算可以随业务量变动而变动，可比性和适应性强，编制预算的工作量相对较小。

缺点：按公式进行成本分解比较麻烦，对每个费用子项目甚至细目逐一进行成本分解，工作量很大。

小案例

假定有关资料同表5－7。预算期企业可能的直接人工工时分别为49 000工时、49 500工时、50 000工时、50 500工时和51 000工时。用列表法编制制造费用弹性预算如表5－9所示。

表5－9 某企业制造费用弹性预算表

单位：元

费用明细项目	单位变动费用	业务量				
		49 000小时	49 500小时	50 000小时	50 500小时	51 000小时
变动费用：						
间接人工	0.5	24 500	24 750	25 000	25 250	25 500
间接材料	0.6	29 400	29 700	30 000	30 300	30 600
维护费用	0.4	19 600	19 800	20 000	20 200	20 400

（续表）

费用明细项目	单位变动费用	业务量				
		49 000小时	49 500小时	50 000小时	50 500小时	51 000小时
水电费用	0.3	14 700	14 850	15 000	15 150	15 300
机物料	0.2	9 800	9 900	10 000	10 100	10 200
小计	2.0	98 000	99 000	100 000	101 000	102 000
固定费用：						
维护费用		12 000	12 000	12 000	12 000	12 000
折旧费用		30 000	30 000	30 000	30 000	30 000
管理费用		20 000	20 000	20 000	20 000	20 000
保险费用		10 000	10 000	10 000	10 000	10 000
财产税		5 000	5 000	5 000	5 000	5 000
小计		77 000	77 000	77 000	77 000	77 000
制造费用合计		175 000	176 000	177 000	178 000	179 000

提 示

列表法的优缺点有以下几点。

优点：可以直接从表中查得各种业务量下的成本费用预算，不用再另行计算，因此直接、简便。

缺点：编制工作量较大，而且由于预算数不能随业务量变动而任意变动，弹性仍然不足。

二、增量预算与零基预算编制方法

1. 增量预算编制方法

增量预算是指以基期成本费用水平为基础，结合预算期业务量水平及有关降低成本的措施，通过调整有关费用项目而编制预算的方法。增量预算以过去的费用发生水平为基础，主张不需在预算内容上作较大的调整。

提 示

增量预算的编制遵循的假定：

(1)企业现有业务活动是合理的，不需要进行调整；

(2)企业现有各项业务的开支水平是合理的，在预算期予以保持；

(3)以现有业务活动和各项活动的开支水平，确定预算期各项活动的预算数。

小案例

某企业上年的制造费用为50 000元，考虑到本年生产任务增大10%，按增量预算编制计划年度的制造费用。

计划年度制造费用预算 =50 000×(1+10%)=55 000(元)。

增量预算编制方法的缺陷是可能导致无效费用开支项目无法得到有效控制，因为不加以分析地保留或接受原有的成本费用项目，可能使原来不合理的费用继续开支而得不到控制，形成不必要开支合理化，造成预算上的浪费。

2. 零基预算编制方法

零基预算的全称为“以零为基础的编制计划和预算方法”，它是在编制费用预算时，不考虑以往会计期间所发生的费用项目或费用数额，而是一切以零为出发点，从实际需要逐项审议预算期内各项费用的内容及开支标准是否合理，在综合平衡的基础上编制费用预算的方法。

提示

零基预算的程序如下：

(1)企业内部各级部门的员工，根据企业的生产经营目标，详细讨论计划期内应该发生的费用项目，并对每一费用项目编写一套方案，提出费用开支的目的以及需要开支的费用数额。

(2)划分不可避免费用项目和可避免费用项目。在编制预算时，对不可避免费用项目必须保证资金供应；对可避免费用项目，则需要逐项进行成本与效益分析，尽量控制不可避免项目纳入预算当中。

(3)划分不可延缓费用项目和可延缓费用项目。在编制预算时，应根据预算期内可供支配的资金数额在各费用之间进行分配。应优先安排不可延缓费用项目的支出。然后，再根据需要，按照费用项目的轻重缓急确定可延缓项目的开支。

零基预算的优点表现在：

① 不受现有费用项目的限制；

② 不受现行预算的束缚；

③ 能够调动各方面节约费用的积极性；

④ 有利于促使各基层单位精打细算，合理使用资金。

三、定期预算与滚动预算编制方法

1. 定期预算编制方法

定期预算是指在编制预算时，以不变的会计期间(如日历年度)作为预算期的一种编制预算的方法。

2. 滚动预算编制方法

滚动预算又称连续预算，是指在编制预算时，将预算期与会计期间脱离开，随着预算的执行不断地补充预算，逐期向后滚动，使预算期始终保持为一个固定长度(一般为12个月)的一种预算方法。

滚动预算的基本做法是使预算期始终保持 12 个月，每过 1 个月或 1 个季度，立即在期末增列 1 个月或 1 个季度的预算，逐期往后滚动，因而在任何一个时期都使预算保持为 12 个月的时间长度，故又叫连续预算或永续预算。这种预算能使企业各级管理人员对未来始终保持整整 12 个月时间的考虑和规划，从而保证企业的经营管理工作能够稳定而有序地进行。

按月滚动的滚动预算编制方式如图 5－1 所示。

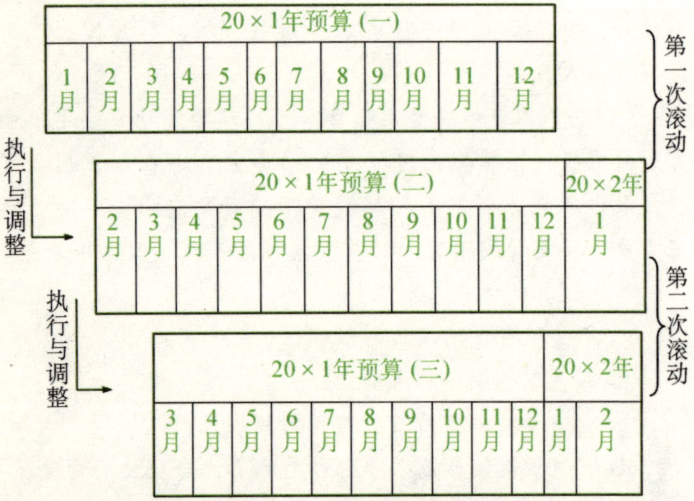

图 5－1　滚动预算示意图

更多

滚动预算编制方法的优点

这种方法的优点是能够使预算期间与会计期间相对应，便于将实际数与预算数进行对比，也有利于对预算执行情况进行分析和评价。但这种方法固定以 1 年为预算期，在执行一段时期之后，往往使管理人员只考虑剩下来的几个月的业务量，缺乏长远打算，导致一些短期行为的出现。

滚动预算的编制还采用了长期计划、短期安排的方法，那就是在基期编制预算时，先按年度分季，并将其中第一季度按月划分，建立各月的明细预算数字，以便监督预算的执行，至于其他三个季度的预算可以粗略一些，只列各季总数。到第一季度结束后，再将第二季度的预算按月细分，第三、第四季度以及增列的下一年度的第一季度的预算只列出各季度的总数，如此类推。采用这种方法编制的预算有利于管理人员对预算资料作经常性的分析研究，并根据当时预算的执行情况及时加以调整。

了解预算的编制程序

企业编制预算，一般应按照“上下结合、分级编制、逐级汇总”的原则进行。

一、下达目标

企业董事会或经理办公会根据企业发展战略和预算期经济形势的初步预测，在决策的基础上，提出下一年度企业预算目标，包括销售或营业目标、成本费用目标、利润目标和现金流量目标，并确定预算编制的政策，由预算委员会下达各预算执行单位。

预算目标的合理性对企业十分重要。如果预算目标过大那么必定是无法完成，目标太过盲目，预算没有意义；如果目标过小，很容易就能实现，起不到对员工的督促作用，不利于公司未来的发展。

二、编制上报

编制上报的环节是预算的执行环节，预算不能仅由一个专门的部门完成，因为预算部门不可能对公司的各个部门的具体收支状况都有十分细致的了解，所以进行总体预算时，应该由各部门对本部门的预算进行编报，预算部门根据各部门提出的实际情况，借鉴以往经验，结合公司未来的发展状况，最终确定预算。

三、审查平衡

企业财务管理部门对各预算执行单位上报的财务预算方案进行审查、汇总，提出综合平衡的建议。在审查、平衡过程中，预算委员会应当进行充分协调，对发现的问题提出初步调整意见，并反馈给有关预算执行单位予以修正。

四、审议批准

企业财务管理部门在有关预算执行单位修正调整的基础上，编制出企业预算方案，报财务预算委员会讨论。对于不符合企业发展战略或者预算目标的事项，企业预算委员会应当责成有关预算执行单位进一步修订、调整。在讨论、调整的基础上，企业财务管理部门正式编制企业年度预算方案，提交董事会或经理办公会审议批准。

五、下达执行

企业财务管理部门对董事会或经理办公室审议批准的年度总预算，一般在次年3月底以前，分解成一系列的指标体系，由预算委员会逐级下达各预算执行单位执行。

了解资金预算编制全过程

通过前边的介绍，大家可以对预算及其编制方法、程序有一个整体的了解。各种预算的方法可以在资金预算的构成中得到应用。

资金预算是以业务预算和专门决策预算为依据编制的、专门反映预算期内预计现金收入与现金支出，以及为满足理想现金余额而进行现金投融资的预算。

资金预算由现金收入、现金支出、现金余缺、现金投放与筹措四部分构成。正如第四章中所讲述的内容，其中：

现金收入 - 现金支出 = 现金余缺

本节结合某公司实例来说明资金预算的编制全过程，为大家在实际生活中的资金预算提供指导。

该公司是一家家电生产企业，生产多种家电产品。该公司自2007年编制全面预算，包括业务预算、财务预算和资本预算等。财务预算包括资金预算、预计利润表和预计资产负债表三个部分。

下面介绍该公司编制的2012年度资金预算。资金预算包括现金收入预算和现金支出预算两部分。

一、现金收入预算编制

由于企业现金收支活动涉及生产经营活动和投资、筹资的各个方面，因此，编制资金预算要以业务预算和资本预算为基础。

现金收入包括营业现金收入和其他现金收入。营业现金收入是现金收入的主要来源。因此，销售预算是编制资金预算的起点。

该公司的销售预算及应收账款预算编制如表5-10、表5-11所示。

表 5－10 销售预算

单位：元

季度	第一季度	第二季度	第三季度	第四季度	全年
预计销售量(件)	1 500	2 250	3 000	2 250	9 000
预计单位售价	450	450	450	450	450
销售收入	675 000	1 012 500	1 350 000	1 012 500	4 050 000

表 5－11 应收账款预算（预计现金收入）

	应收数(元)	实收数(元)				
		第一季度	第二季度	第三季度	第四季度	全年
期初数	216 000	216 000				
第一季度	675 000	270 000	405 000			675 000
第二季度	1 012 500		405 000	607 500		1 012 500
第三季度	1 350 000			540 000	810 000	1 350 000
第四季度	1 012 500				405 000	405 000
现金收入		486 000	810 000	1 147 500	1 215 000	3 658 500
应收账款期末数	607 500					

销售预算的主要内容是销量、单价和销售收入。

销量是根据市场预测或销售合同并结合企业生产能力确定的。

单价是通过价格决策确定的。

销售收入是两者的乘积，在销售预算中得出。

销售预算通常要分品种、分月份、分销售区域、分推销员来编制。为了简化，本案例只编制了分季度销售预算。表 5－10 是设计各季度的预计销售量分别为全年销售量的 1/6，1/4，1/3，1/4。

销售预算中通常还包括应收账款预算（预计现金收入），其目的是为编制资金预算提供必要的资料。第一季度的现金收入包括两部分，即上年应收账款在本年第一季度收到的货款，以及本季度销售中可能收到货款的部分。

在本案例中，设计每季度销售收入中，本季度收到现金 40%，另外的 60% 现金要到下季度才能收到。应收账款期初数为 216 000 元，期末数为 607 500 元。

二、现金支出预算的编制

现金支出主要包括材料采购支出、支付人工工资、支付制造费用、管理费用、财务费用和营业费用等支出。这些项目的现金支出预算主要来源于业务预算，下面分别介绍。

1. 生产预算

生产预算是在销售预算的基础上编制的，其主要内容有销售量、期初和期末存货、生产量。通常，企业的生产和销售不能做到“同步同量”，需要设置一定的存货量，以保证能在发生额外需求时按时供货，并可均衡生产，节省额外支出。存货数量通常按下期销售量的一定百分比确定，年初存货量是编制预算时设计确定的。设计企业各个季度的期末存货量按下一季度预计销售量的 10% 计算。预计生产量可用下列公式计算：

预计生产量 = 预计销售量 + 预计期末存货量 − 期初存货量

该公司的生产预算结果如表 5 – 12 所示。

表 5 – 12　生产预算

单位：件

季度	第一季度	第二季度	第三季度	第四季度	全年
预计生产量	1 575	2 325	2 925	2 190	9 015

（二）直接材料预算

直接材料预算是以生产预算为基础编制的，同时要考虑原材料存货水平。直接材料预算主要包括预计生产量、单位产品材料耗用量，预计材料消耗量、期初和期末存货量等。预计生产量来自生产预算。单位产品材料消耗量的数据来自标准成本资料或消耗定额资料。公式如下：

预计期初存货 = 上季度期末存量

预计材料采购量 =（预计材料消耗量 + 预计期末存货量）－ 预计期初存货量

预计材料消耗量 = 预计生产量 × 材料单耗

预计采购金额 = 预计材料采购量 × 单价（单价根据标准资料确定）。

根据预计资产负债表期初数可知年初库存材料存货量为 1260 件，每一季度的期末存量按下一季度的生产用量的 20% 安排期末存货量。设计下年度末期末存量为 1380 件。

该公司的直接材料预算如表 5－13 所示。

表 5－13　直接材料预算

季度	第一季度	第二季度	第三季度	第四季度	全年
预计生产量（件）	1 575	2 325	2 925	2 190	9 015
单耗（千克/件）	4	4	4	4	4
材料用量（千克）	6 300	9 300	11 700	8 760	36 060
加：预计期末存货量（件）	1 860	2 340	1 752	1 380	1 380
减：预计期初存货量（件）	1 260	1 860	2 340	1 752	1 260
预计材料采购量（件）	6 900	9 780	11 112	8 388	36 180
单价（元）	30	30	30	30	30
预计采购金额（元）	207 000	293 400	333 360	251 640	1 085 400

为了方便以后编制资金预算，通常要预计材料采购各季度的现金支出。每个季度的现金支出包括偿还上期应付账款和本期应支付的采购货款。

本案例设计材料采购的货款有50%在本季度内付清，另50%在下季度付清。这个百分比是根据经验数据确定的。期初应付账款可以从期初资产负债表中查得(即54 000元)。

根据材料预算编制的该公司应付账款预算如表5-14所示。

表5-14 应付账款预算(预计现金支出)

	应收数	实际支付数				
		第一季度	第二季度	第三季度	第四季度	全年
期初数	54 000	54 000				54 000
第一季度	207 000	103 500	103 500			207 000
第二季度	293 400		146 700	146 700		293 400
第三季度	333 360			166 680	166 680	333 360
第四季度	251 640				125 820	125 820
现金支出合计		157 500	250 200	313 380	292 500	1 067 580
应付账款期末数	125 820					

3. 直接人工预算

直接人工预算也是以生产预算为基础编制的。直接人工预算包括的内容：预计生产量、单位产品工时、人工总工时、每小时人工成本、人工总成本。其中：预计生产量数据来自生产预算。单位产品工时、每小时人工成本来自标准成本资料。公式如下：

人工总工时＝预计生产量×单位产品工时

人工总成本＝人工总工时×每小时人工成本

由于人工工资都是需要使用现金支付，所以不需要另外预计现金支出，可直接参加资金预算的汇总。本案例设该公司直接人工小时工资率为 12 元，单位产品工时定额为 5 小时，该公司的直接人工预算如表 5－15 所示。

表 5－15　直接人工预算

季度	第一季度	第二季度	第三季度	第四季度	全年
预计生产量（件）	1 575	2 325	2 925	2 190	9 015
单位产品工时（小时）	5	5	5	5	5
人工总工时（小时）	7 875	11 625	14 625	10 950	45 075
每小时人工成本（元）	12	12	12	12	12
人工总成本（元）	94 500	139 500	175 500	131 400	540 900

4. 制造费用预算

制造费用预算通常分为变动制造费用和固定制造费用两部分。

变动制造费用以生产预算为基础来编制。如果有标准成本资料，用单位产品的标准成本乘以产量。如果没有标准成本资料，需要逐项预计计划产量需要的各项制造费用。

固定制造费用通常与本期产量无关，需要逐项进行预计。按每季度实际需要的支付额预计，然后计算出全年数。本案例设该公司变动制造费用分配率为 12 ，全年固定制造费用为 540 000 元，除了当期提取的固定资产折旧外，制造费用均用现金支出。该公司制造费用预算如表 5－16 所示。

表 5－16　制造费用预算

单位：元

项目	小时费用率（元/小时）	第一季度（7 875 小时）	第二季度（11 625 小时）	第三季度（14625 小时）	第四季度（10 950 小时）	全年
变动制造费用：						
间接人工	2	15 750	23 250	29 250	21 900	90 150
间接材料	2. 4	18 900	27 900	35 100	26 280	108 180
修理费	1. 6	12 600	18 600	23 400	17 520	72 120
水电费	2. 8	22 050	32 550	40 950	30 660	126 210
其他	3. 2	25 200	37 200	46 800	35 040	144 240
小计	12	94 500	139 500	175 500	131 400	540 900
固定制造费用：						
修理费		24 000	24 000	24 000	24 000	96 000
折旧		33 750	33 750	33 750	33 750	135 000
管理人员工资		21 000	21 000	21 000	21 000	84 000
保险费		30 000	30 000	30 000	30 000	120 000
其他		26 250	26 250	26 250	26 250	105 000
合计		135 000	135 000	135 000	135 000	540 000
总计		229 500	274 500	310 500	266 400	1 080 900
减：折旧		33 750	33 750	33 750	33 750	135 000
现金支出的制造费用		195 750	240 750	276 750	232 650	945 900

提 示

为了便于以后编制资金预算，需要预计现金支出。制造费用中，除折旧费外都须支付现金，所以根据每个季度制造费用数额扣除折旧后，即可得出现金支出的制造费用。

5. 生产成本和销售成本预算

根据上述资料，编制的该公司成本预算如表 5－17 所示。

提 示

将直接材料预算、直接人工预算、制造费用预算进行汇总，可以编制生产成本预算；以生产成本预算为基础，加上期初产成品存货得成本，减去期末产成品存货的成本，即可以编制销售成本预算。成本预算综合反映了企业生产和销售成本状况，是财务预算的重要组成部分，也是编制预计利润表的基础。

表 5－17　生产成本和销售成本预算

单位：元

项目	第一季度	第二季度	第三季度	第四季度	全年
直接材料	189 000	279 000	351 000	262 800	1 081 800
直接人工	94 500	139 500	175 500	131 400	540 900
变动制造费用	94 500	139 500	175 500	131 400	540 900
生产成本合计	378 000	558 000	702 000	525 600	2 163 600
加：期初产成品存货成本	31 500	47 250	63 000	47 250	31 500
减：期末产成品存货成本	47 250	63 000	47 250	34 650	34 650
销售成本合计	362 250	542 250	717 750	538 200	2 160 450

注："直接材料"一栏为表 5－13 中"材料用量"乘以单价求得，" 期初产成品存货成本"是以表 5－12 中"期初产成品存货量"乘以单位产品成本求得。

6. 销售及管理费用预算

销售费用预算是指为了实现销售预算所需支付的费用预算。它以销售预算为基础，分析销售收入、销售利润和销售费用的关系，力求实现销售费用的最有效使用。

管理费用是搞好一般管理业务所必要的费用，多属于固定成本，一般以过去的实际开支为基础，按预算期的可预算变化来调整预算项目。

该公司销售及管理费用预算如表 5－18 所示。

表 5－18　销售费用和管理费用预算

单位：元

项目	第一季度	第二季度	第三季度	第四季度	全年
预计销售量（件）	1 500	2 250	3 000	2 250	9 000
单位变动销售费用	30	30	30	30	30
变动销售费用小计	45 000	67 500	90 000	67 500	270 000
固定销售及管理费用	120 000	120 000	120 000	120 000	480 000
合计	165 000	187 500	210 000	187 500	750 000
减：折旧	25 500	25 500	25 500	25 500	102 000
现金支出	139 500	162 000	184 500	162 000	648 000

注：固定费用中包括折旧费用 102 000 元。

7. 预计其他现金支出

企业除了上述经营方面现金支出以外，还包括其他方面现金支出，如利息支出、分配股利支出、交纳所得税支出和购买固定资产支出等。该公司的预计其他现金支出表如表 5 – 19 所示。

表 5 –19　预计其他现金支出表

单位：元

项目	第一季度	第二季度	第三季度	第四季度	全年
应付股利	18 000	18 000	18 000	18 000	72 000
应交所得税	36 000	36 000	36 000	36 000	144 000
购买固定资产		144 000			144 000
合计	54 000	198 000	54 000	54 000	360 000

三、该公司资金预算

资金预算包括现金收入、现金支出、现金多余或不足、资金的筹集和运用。该公司编制的 2012 年资金预算如表 5 – 20 所示。

表 5 –20　资金预算

单位：元

项目	第一季度	第二季度	第三季度	第四季度	全年
期初现金余额	108 000	135 000	132 075	96 260	108 000
加：销货现金收入(表 5 – 11)	486 000	810 000	1 147 500	1 215 000	3 658 500
可供使用的现金	594 000	945 000	1 279 575	1 311 260	3 766 500
减：各项支出					
直接材料（表 5 – 14）	157 500	250 200	313 380	292 500	1 067 580

（续表）

项目	第一季度	第二季度	第三季度	第四季度	全年
直接人工（表5－15）	94 500	139 500	175 500	131 400	540 900
制造费用（表5－16）	195 750	240 750	276 750	232 650	945 900
销售及管理费用（表5－18）	139 500	162 000	184 500	162 000	648 000
所得税（表5－19）	36 000	36 000	36 000	36 000	144 000
购买设备（表5－19）	—	144 000	—	—	144 000
股利（表5－19）	18 000	18 000	18 000	18 000	72 000
支出合计	641 250	990 450	1 004 130	872 550	3 508 380
现金多余或不足	－47 250	－45 450	275 445	438 710	258 120
向银行借款	182 250	177 525	—	—	359 775
还银行借款	—	—	152 131	207 644	359 775
借款利息（年利12%）	—	—	27 054	6 229 132	33 283 132
期末现金余额	135 000	132 075	96 260	224 836 168	224 836 168

提 示

“现金收入”包括期初现金余额和销货现金收入，销货现金收入是其主要来源。年初的“现金余额”是在编制预算时预计的。销货现金收入的数据来自销售预算。

“现金支出”包括预算期的各项现金支出。直接材料、直接人工、制造费用、销售与管理费用的数据分别来自前边的有关预算。此外，还包括所得税、购置设备、股利分配等现金支出，有关数据分别来自另行编制的专门预算。

现金多余或不足，是现金收入与现金支出的差额，差额为正，说明收大于支，现金有多余，可用于偿还借款或者用于短期投资；差额为负，说明支大于收，现金不足，要向银行借款。

本案例中，第一季度的借款额为182 250元，第二季度的借款额为177 525元。第三季度、第四季度现金多余，可用于偿还借款。借款一般按每期期初借入，每期期末归还。本案例中设计利率为12%，还款时支付累计利息，则应计利息为：

第三季度利息 = 182 250 × 12% × 9/12 + 177 525 × 12% × 6/12 = 27 054（元）。

第四季度利息 =（182 250 − 152 131）× 12% × 3/12 + 177 525 × 12% × 3/12 = 6 229.32（元）。

更多

资金预算的目的

资金预算的编制，以各项营业预算和资本预算为基础，它反映各预算期的收入款项和支出款项，并作对比说明。其目的在于资金不足时筹措资金，资金多余时及时处理现金余额，并且提供现金收支的控制限额，发挥现金管理的作用。

快速掌握预算的执行与考核

企业预算一经批复下达，各预算执行单位就必须认真组织实施，将预算指标层层分解，从横向到纵向落实到内部各部门、各单位、各环节和各岗位，形成全方位的预算执行责任体系。把握预算的执行，考核预算的执行效果，为下一期预算的编制提供依据，这是资金预算管理的一个良性循环，对企业的正常运转起着重要的作用。

在这一章，你将会知道

◇ 如何有效地执行资金预算。

◇ 怎样对资金进行调整。

◇ 如何对资金预算进行分析和考核。

掌握预算的执行

预算的编制要讲究合理性，合理的预算对生产经营产生实际的作用关键还在于预算的执行，预算的执行过程也是一个不断完善预算系统的过程。

一、有效执行预算的要求

(1)企业应当将预算作为预期内组织、协调各项经营活动的基本依据，将年度预算细分为月份和季度预算，通过分期预算控制，确保年度预算目标的实现。

(2)企业应当强化现金流量的预算管理，按时组织预算资金的收入，严格控制预算资金的支付，调节资金收付平衡，控制支付风险。

(3)对于预算内的资金拨付，按照授权审批程序执行。对于预算外的项目支出，应当按预算管理制度规范支付程序。对于无合同、无凭证、无手续的项目支出，不予支付。

(4)企业应当严格执行销售、生产和成本费用预算，努力完成利润指标。在日常控制中，企业应当健全凭证记录，完善各项管理规章制度，严格执行生产经营月度计划和成本费用的定额、定率标准，加强适时监控。对预算执行中出现的异常情况，企业有关部门应及时查明原因，提出解决办法。

(5)企业应当建立预算报告制度，要求各预算执行单位定期报告预算的执行情况。对于预算执行中发现的新情况、新问题及出现偏差较大的重大项目，企业财务管理部门以至预算委员会应当责成有关预算执行单位查找原因，提出改进经营管理的措施和建议。

(6)企业财务管理部门应当利用财务报表监控预算的执行情况，及时向预算执行单位、企业预算委员会以至董事会或经理办公会提供财务预算的执行进度、执行差异及其对企业预算目标的影响等财务信息，促进企业实现预算目标。

提 示

月度现金收支预算经过总经理办公会讨论通过以后，交财务部门控制执行。怎么执行呢？企业各部门、各单位，凡是有现金支出的，必须按照预算规定的项目金额、时间，由财务部门划拨执行，对没有列入预算的项目，财务部门有权拒绝开支。预算内的现金支出，哪个部门花钱，部门领导签字，谁签字谁负责。

预算执行的一个好处就是将经理从日常烦琐的工作中解脱出来，集中精力搞管理。领导要把日常的工作制度化、规范化、程序化，哪个部门要花钱，预算部门签字，谁签字谁负责，总经理到时候检查就可以了。领导只需要在两种情况下签字即可。

1. 意外性支出

意外性支出是由于外部原因形成的意外性支出，要编制临时性预算表。编制临时性预算的单位要说明支出的原因，并根据支出明细项目，逐项核算编制，报总经理批准后列入预算。如表 6－1 所示。

表 6－1 临时性预算表

年 月 单位：元

编制单位	支出项目	支出金额		备注	
申请原因					
支出明细	明细项目	数量	单价	支出金额	支出时间
审批意见	主管经理		总经理		

小案例 2003年"SARS"肆虐，全国从4月份闹到8月份，北京的很多企业都停产了，但是工资照发，还买消毒药品发给职工，以示关怀。这些钱不是正常开支，应该属于意外性支出。

意外性支出通过编制临时性预算来解决。临时预算要把事由、支出的原因、支出的具体项目、支出的金额一项项写清楚，经过总经理审批后列入预算执行。

临时预算越多，对正式预算干扰越多。企业一开始做预算的时候有个试行期，允许适当修改补充，通过编制临时预算来解决。所以，企业一开始临时预算比较多，这是正常现象，但是过了半年、一年，还有很多临时预算，就不正常了。

2. 资本性支出

资本性支出，是购置固定资产、无形资产等长期资产的支出。资本性支出在编制预算时要进行可行性研究。在预算执行时，总经理还要检查签字。

提 示

资本性支出一般要通过预算，一个是投资预算、投资决策预算，一个是项目决策预算。企业小小部门的技术改造，买一个设备，购置一个固定资产，不需要那么复杂，但是要做论证，认为可行再列入预算，在预算执行过程中，总经理还要签一次字，以示对固定资产投资的重视。由于固定资产投资额大，回收期长，一旦投入将长期影响企业的经济效益，所以需经过总经理签字批准。

总经理在两种情况下签字，实际上体现高层管理者管理的两个原则：一个是例外原则，一个是重点原则。

高层管理者管例外事件，制度有的、流程有的、预算有的通常按照制度、按流程走，制度没有的、流程没有的、预算没有的意外性支出领导要签字确认。重点原则就是领导关注重点事项。企业在搞预算管理的时候，一开始的时候是数额上的限额，比如可以规定1万元以下的由部门经理签字，1万元~5万元的由副总经理签字，5万元以上的由总经理签字，10万元以上的由董事长签字。有这么一个台阶，将来随着预算推行，台阶可以逐渐放开，数额可以逐渐放大。

提 示

为了有效地执行预算，企业的管理者还要学会授权：

第一个授权就是预算内的开支，授权各部门负责人，各部门经理；

第二个授权就是财务部门授权，没有列入预算的项目，财务部门有拒绝支付权。

二、预算的调整

企业正式下达执行的预算，一般不予调整。预算执行单位在执行中由于市场环境、经营条件、政策法规等发生重大变化，致使预算的编制基础不成立，或者将导致预算执行结果产生重大偏差的，可以调整预算。

企业应当建立内部弹性预算机制，对于不影响预算目标的业务预算、资本预算、筹资预算之间的调整，企业可以按照内部授权批准制度执行，鼓励预算执行单位及时采取有效的经营管理对策，保证预算目标的实现。

企业调整预算，应当由预算执行单位逐级向企业预算委员会提出书面报告，阐述预算执行的具体情况、客观因素变化情况及其对预算执行造成的影响程度，提出预算指标的调整幅度。

企业财务管理部门应当对预算执行单位的预算调整报告进行审

核分析，集中编制企业年度预算调整方案，提交预算委员会以至企业董事会或经理办公会审议批准，然后下达执行。

提 示

对于预算执行单位提出的预算调整事项，企业进行决策时，一般应当遵循以下要求：

(1)预算调整事项不能偏离企业发展战略；

(2)预算调整方案应当在经济上能够实现最优化；

(3)预算调整重点应当放在预算执行中出现的重要的、非正常的、不符合常规的关键性差异方面。

预算的分析与考核

企业应当建立预算分析制度，由预算委员会定期召开预算执行分析会议，全面掌握预算的执行情况，研究、解决预算执行中存在的问题，纠正预算的执行偏差。

开展预算执行分析，企业管理部门及各预算执行单位应当充分收集有关财务、业务、政策、法律、市场、技术等方面的信息资料，根据不同情况分别采用比率分析、比较分析、因素分析、平衡分析等方法，从定量与定性两个层面充分反映预算执行单位的现状、发展趋势及其存在的潜力。

针对预算的执行偏差，企业财务管理部门及各预算执行单位应当充分、客观地分析产生的原因，提出相应的解决措施或建议，提交董事会或经理办公会研究决定。

企业预算委员会应当定期组织预算审计，纠正预算执行中存在的问题，充分发挥内部审计的监督作用，维护预算管理的严肃性。

预算年度终了，预算委员会应当向董事会或者经理办公会报告预算执行情况，并依据预算完成情况和预算审计情况对预算执行单位进行考核。

企业内部预算执行单位上报的预算执行报告，应经本部门、本单位负责人按照内部议事规范审议通过，作为企业进行财务考核的基本依据。企业预算按调整后的预算执行，预算完成情况以及企业年度财务会计报告为准。

企业预算执行考核是企业绩效评价的主要内容，应当结合年度内部经济责任制进行考核，与预算执行单位负责人的奖惩挂钩，并作为企业内部人力资源管理的参考。

提 示

预算审计可以采用全面审计或者抽样审计。在特殊情况下，企业也可组织不定期的专项审计。审计工作结束后，企业内部审计机构应当形成审计报告，直接提交预算委员会以至董事会或经理办公会，作为预算调整、改进内部经营管理和财务考核的一项重要参考。

资金预算作业准则

一、总则

第一条 目的及依据

为提高各公司经营效暨配合财务部门统筹及灵活运用资金，以充分发挥其经济效用，各公司除应按年编制年度资金预算外，并应逐月编列资金预计表，以期达成资金运用之最高效益，特依“关系企业资金调度控制办法”第一至四条规定，订定本准则。

第二条 资金范围

本准则所称资金，系指库存现金，银行存款及随时可变现之有价证券而言。为期编表计算及收支运用方便起见，预计资金仅指现金及银行存款，至随时可变现之有价证券则归属于资金调度之列。

第三条 作业期间

(一)资金提供部门，除应于年度经营计划书编订时，提送年度资金预算外，应于每月二十四日前逐月预计次三个月份资金收支资料送会计部门，以利汇编。

(二)各公司会计部门应于每月二十八日前编妥次三个月份资金来源运用预计表(附表1)按月配合修订。并于次月十五日前编妥上月份实际与预计比较编制资金来源运用比较表(附表2)各一式四份，呈总经理(经理)核阅后，一份自存，一份留存总经理室(经理室)，一份送财务部，一份送总管理处总经理室。

二、收入

第四条　内外销收入

营业部门依据各种销售条件及收款期限，预计可收(兑)现数编列(附表3)。

第五条　劳务收入

营业部门收受同业产品代为加工，依公司收款条件及合约规定预计可收(兑)现数编列(附表3)。

第六条　退税收入

(一)退税部门依据申请退税进度，预计可退现数编列(附表3)。

(二)预计核退营业税虽非实际退现，以其能抵缴现金支出，得视同退现。

第七条　其他收入

凡无法直接归属于上项收入者皆属之，包括财务收入，增资收现、下脚收入等。其数额在30万元以上者，均应加说明。

三、支出

第八条　资本支出

(一)支出：依土地管理小组或特定经办部门依据购地支付计划提供之支付预算数编列。

(二)房屋：营建部门依据兴建工程进度，预计所需支付资金编列。

(三)设备分期付款、分期缴纳关税等：会计部门依据分期付款偿付日期予以编列。

(四)机械设备、什项设备、预付工程定金等：工务部门依据工程合约及进度，预定支付预算及资材部门依据外购 L/C 开立计划，预计支付资金编列(附表 4)。

第九条　材料支出

资材部门依请购、采购、结汇作业，分别预计内外购原物料支付资金编列(附表 5)。

第十条　薪工

会计部门依据产销计划等资料及最近实际发生数，斟酌预计支付数编列。

第十一条　经常费用

(一)托工工厂：托工经办部门应参照施工厂商的约定付款条件等资料，斟酌预计支付数编列。

(二)制造费用：会计部门依据生产计划，参考制度费用有关资料及最近实际发生数，并斟酌预计支付数编列。

（三）推销费用：营业部门依据营业计划，参照以往月份推销费用占营业额之比例推算编列。

（四）管理费用：会计部门参照以往实际数及管理部门工作计划编列。

（五）财务费用：会计部门依据财务部门资金调度情形，核算利息支付编列。

第十二条　其他支出

凡不属于上列各项之支出皆属之，包括偿还长期（分期）款、股息、红利等之支付。其数额在 30 万元以上，均应加说明。

四、异常说明

第十三条　异常说明

各公司应按月编制资金来源运用比较表，以了解资金实际运用情形，其中实际数与预计比较每项差异在 10% 以上者，应由资料提供部门填列资金差异报告表（附表 6）列明差异原因，于每月十日前送会计部门汇编。

五、资金调度

第十四条 资金调度

（一）各公司营运资金由公司（事业部）最高主管负责筹划，并由总管理处财务部门协助筹措调度。

（二）各公司资材部门应按月根据国内外购料借款数额编列“购料借款月报表”（附表7）于当月二十四日由各公司总经理室分送财务部及总管理处总经理室汇总呈核。

（三）财务部应于次月五日前按月将有关银行贷款额度，可动用资金，定期存款余额等资料编列银行短期借款明细表（附表8）呈总管理处总经理核阅，以为经营决策之参考。

六、附则

第十五条本准则经总管理处总经理核准后实施，修改时亦同。

附表 1　资金来源运用预计表

编制单位(部门)：　　　　　　年　　月　　日　　　　　　　单位：千元

<table>
<tr><th rowspan="2" colspan="2">项　目</th><th colspan="2">月</th><th colspan="2">月</th><th colspan="2">月</th><th rowspan="2" colspan="2">项　目</th><th colspan="2">月</th><th colspan="2">月</th><th colspan="2">月</th><th rowspan="2">说明事项</th></tr>
<tr><th>金额</th><th>%</th><th>金额</th><th>%</th><th>金额</th><th>%</th><th>金额</th><th>%</th><th>金额</th><th>%</th><th>金额</th><th>%</th></tr>
<tr><td rowspan="11">收入</td><td rowspan="3">现销收入</td><td rowspan="3"></td><td rowspan="3"></td><td rowspan="3"></td><td rowspan="3"></td><td rowspan="3"></td><td rowspan="3"></td><td rowspan="11">支出</td><td>土地及房屋</td><td></td><td></td><td></td><td></td><td></td><td></td><td rowspan="11"></td></tr>
<tr><td>机器设备</td><td></td><td></td><td></td><td></td><td></td><td></td></tr>
<tr><td>什项设备</td><td></td><td></td><td></td><td></td><td></td><td></td></tr>
<tr><td rowspan="3">劳务收入</td><td rowspan="3"></td><td rowspan="3"></td><td rowspan="3"></td><td rowspan="3"></td><td rowspan="3"></td><td rowspan="3"></td><td>材料支出</td><td></td><td></td><td></td><td></td><td></td><td></td></tr>
<tr><td>预付定金</td><td></td><td></td><td></td><td></td><td></td><td></td></tr>
<tr><td>外协加工</td><td></td><td></td><td></td><td></td><td></td><td></td></tr>
<tr><td rowspan="3">退税收入</td><td rowspan="3"></td><td rowspan="3"></td><td rowspan="3"></td><td rowspan="3"></td><td rowspan="3"></td><td rowspan="3"></td><td>借款偿还</td><td></td><td></td><td></td><td></td><td></td><td></td></tr>
<tr><td>薪资</td><td></td><td></td><td></td><td></td><td></td><td></td></tr>
<tr><td>制造费用</td><td></td><td></td><td></td><td></td><td></td><td></td></tr>
<tr><td rowspan="2">财务收入</td><td rowspan="2"></td><td rowspan="2"></td><td rowspan="2"></td><td rowspan="2"></td><td rowspan="2"></td><td rowspan="2"></td><td>销售费用</td><td></td><td></td><td></td><td></td><td></td><td></td></tr>
<tr><td>管理费用</td><td></td><td></td><td></td><td></td><td></td><td></td></tr>
</table>

（续表）

项目		月		月		月		项目		月		月		月		说明事项
		金额	%	金额	%	金额	%			金额	%	金额	%	金额	%	
收入	营业外收入							支出	财务费用							
									其他支出							
	其他收入															
合计									合计							
								资金剩余或短缺								

经理： 科长： 制表：

一式四联：1. 自存 2. 总经理室 3. 财务部 4. 总管理处总经理室。

附表2　资金来源运用比较表

年　月份　　　　　　　　　　　　　　　　　　　　单位：千元

项目		实际数		预计数		比较增减		资金调度						
		金额	%	金额	%	金额	%	调度对象		期初金额	本期收入	本期支出	期末金额	增减
期初现金结存								往来	往来（借入）					
收入	外销收入								往来（借出）					
	内销收入													
	现销								小计					
	票据兑现							借入款项	外销贷款					
	加工收入								贴现借款					
	退税收入								信用借款					
	其他收入计								抵押借款					
	合计								私人借款					
支出	资本支出								银行透支					
	土地及房屋								员工存款					

（续表）

项目		实际数		预计数		比较增减		资金调度						
		金额	%	金额	%	金额	%	调度对象		期初金额	本期收入	本期支出	期末金额	增减
支出	设备分期付款							借入款项						
	机械设备								小计					
	材料支出							合计						
	原料内购							说明事项						
	物料内购													
	物料外购													
	生产经费													
	薪资													
	制造费用													
	经常费用													
	推销费用													
	管理费用													
	财务费用													
	其他支出													
	分期付款													
	合计													
期末现金结存														
资金剩余短缺（+ −）														

经理：　　　科长：　　　制表：

一式四联：1. 自存　2. 总经理室　3. 财务部　4. 总管理处总经理室。

附表3　收入项目预算表

单位：千元　　　　　　　　　　年　　月　　　　资料提供部门：

项目	金额			备注
	月份	月份	月份	
外销收入				1. 表列数字系指当月可押入或收现部分。 2. 本表由资料提供部门分别就有关项目列表，于每月二十四日前送会计部门。 3. 营业部门预计三次三个月份营业额 ______月份　　千元 ______月份　　千元 ______月份　　千元
D/A				
L/A				
内销收入				
现销				
票据兑现				
劳务收入				
退税收入				
其他收入				
财务收入				
其他				
合计				

经理：　　　　　　　科长：　　　　　　　制表：

一式二联：1. 自存　　　2. 会计部门

附表4 支出项目预算表

年 月份 资料提供部门：

项目	金额										备注
	月份					月份					
	土地及房屋	机械设备		专项设备	票付工程定金	土地及房屋	机械设备		专项设备	票付工程定金	
		内购	外购				内购	外购			
											1. 本表由资料提供部门分别就有关项目列表，于每月二十四日前送会计部门。 2. 表列数据系指当月付现数。

经理： 科长： 制表：

一式二联：1. 自存 2. 会计部门

附表5　内外购原物料预计表

资料提供部门：　　　　　　　　年　月份　　　　　　　　单位：千元

项目	金额			备注
	月份	月份	月份	
原料内购				
原料				
配料				
货物税				
物料内购				
原料外购				1. 表列数据系指当月付现数。 2. 本表由资料提供部门于每月二十四日前填送会计部。
D/A				
L/C				
关税				
各项费用				
合计				

科长：　　　　　　　　　制表：

一式二联：1. 自存　　　2. 会计部门

附表6 资金差异报告表

单位：千元　　　　　　　　　年　　月份　　　资料提供部门：

项　目	实际数		预计数		比较增减		差异原因说明	备注
	金额	%	金额	%	金额	%		
								适用范围：供资金预计数与实际数差异分析说明用。 填表说明： 1. 凡实际与预计数比较每项差异在百分之十以上者均由资料提供部门列明差异原因，于每月十日前送会计。 2. 本表由会计科填列实际数及预算数比较增减后送各资料提供部门。

资料提供部门　经理：　　科长：　　经办：　　会计部门　经理：
科长：　　制表：

一式二联：1. 会计部门　　2. 资料提供部门

附表 7　公司购料借款月报表

贷款额度：

贷款银行：　　　　　　　　　年　　月　　日　　　　　　　　　第　　页

供应商	请购单号码	品名	起讫日期		利率（年息）	每月摊还金额						
			年月日	年月日		月	月	月	月	月	月	月
						本金						
						利息						
						本金						
						利息						
						本金						
						利息						
						本金						
						利息						
						本金						
						利息						
						本金						
						利息						
						本金						
						利息						
						本金						
						利息						

经理：　　　　　　　　　科长：　　　　　　　　　制表：

填表说明：

(1)本表适用国内外购料借款(包括 Usance 及 D/A)。

(2)按借款单位别小计并将公司结总合计。

(3)为配合资金预计于每月二十四日前填报。

(4)本表由资材单位填报，一式四份，自存一份，会计一份，一份送财务部，一份送总经理。

附表 8　银行短期借款明细表

编制单位(部门)：　　　　截止日期：　年　月　日　　　　　　单位：千元

序号	贷款银行	贷款种类	贷款额度	利息年率	期限	已动用额度	尚可动用额度	备注

经理：　　　　科长：　　　　制表：